3D 이펙트 마법의 시작

Houdini
후디니 스타트업

토요카즈 히라이 (Toyokazu Hirai) 저
박민수 옮김

비엘북스

3D 이펙트 마법의 시작
후디니 스타트업

2018년 09월 20일 1판 1쇄 인쇄
2018년 10월 02일 1판 1쇄 발행

글_ 토요카즈 히라이(Toyokazu Hirai)
번역_ 박민수
일본어 감수_ 곽민경
펴낸이_ 김종원
펴낸곳_ 비엘북스
주소_ 경기도 고양시 일산동구 경의로47, A-207
전화_ 070-7613-3606 | **팩스_** 02-6455-3606
등록_ 2009년 5월 14일 제 313-2009-107호
출판사 홈페이지_ http://www.vielbooks.com
도서문의_ vielbooks@vielbooks.com
번역문의_ charaku@gmail.com
ISBN_ 979-11-86573-25-9 (13000)

HOUDINI DE HAJIMERU 3D BIJUARUEFUEKUTO KAITEIBAN by Toyokazu Hirai
Copyright © 2018. All rights reserved.
Original Japanese edition published by Kohgakusha Publishing Co.,Ltd.
Korean translation copyright © 2018 by VIEL BOOKS
This Korean edition published by arrangement with Kohgakusha Publishing Co.,Ltd. , Tokyo,
through HonnoKizuna, Inc., Tokyo, and Eric Yang Agency, Inc

이 책의 한국어판 저작권은 EYA(Eric Yang Agency)를 통한
Kohgakusha Publishing Co.,Ltd. 사와의 독점계약이므로 '비엘북스'가 소유합니다.
저작권법에 의하여 한국 내에서 보호를 받는 저작물이므로 무단전재 및 복제를 금합니다.

이 도서의 국립중앙도서관 출판예정도서목록(CIP)은 서지정보유통지원시스템 홈페이지(http://seoji.nl.go.kr)와 국가
자료종합목록시스템(http://www.nl.go.kr/kolisnet)에서 이용하실 수 있습니다. (CIP제어번호 : CIP2018025614)

들어가기에 앞서

후디니(Houdini)는 캐나다 Side Effects Software 사에서 개발, 서비스하고 있는 3D CG 소프트웨어입니다. 「VFX」(Visual Effects, 시각 효과) 분야를 중심으로 나라를 불문하고 다양한 영화나 CM(광고)에서 게임 개발까지 폭넓게 사용되고 있습니다.

후디니는 다양한 종류로 준비되어 있는 간단한 조각을 퍼즐처럼 조합하는 것만으로 무한한 가능성을 펼칠 수 있으며, 조작이 간편하고 자유도가 높은 소프트웨어입니다. 자세한 내용은 SideFX 홈페이지 (http://www.sidefx.com)를 참조해주세요.

이 책에서는 기본적인 툴의 운용 방법에서부터 「파괴(Destruction)」, 「파티클(Particle)」, 「액체(Fluids)」, 「연기(Smoke)」 등 대표적인 영상 효과를 만드는 기본 방법에 대해서 설명합니다.

저자 토요카즈 히라이(Toyokazu Hirai)

개정판을 내놓으면서

많은 독자 분들이 덕분에 개정판까지 출판하게 되었습니다. 고맙습니다.

초판 발행 후 약 2년 동안, 업계의 이슈 협의 및 세미나 등으로 현업에 계시는 분들을 만날 때마다, 또 학생부터 베테랑의 유명 디자이너들까지 다양한 분야의 많은 분들이 「책을 읽었다」고 말씀해 주셨습니다.

고생하며 쓴 책이기에 독자 분들의 칭찬을 받으니 더 고맙습니다. 책이 조금이라도 도움되고 있구나하는 생각이 들어 기쁜 마음에 감정이 벅찹니다.

이번 「개정판」에서는 [Houdini v16.5]에 대응하기 위해 관련된 이미지를 업데이트하고 일부 조작 방법이나 워크플로우를 변경했습니다. 특히 노드 등 몇몇 부분의 표시는 초판을 발행했을 때부터 폭넓은 변화가 있었기 때문에, 최신 버전을 사용하는 분들은 한결 보기 편해지셨을 것입니다.

이번 「개정판」의 발행으로 이 책이 더 많은 분들에게 전해져서 도움이 되었으면 좋겠습니다.

역자의 말

처음 후디니의 매력에 빠져 무작정 독학으로 공부해보려고 마음먹었던 게 후디니 버전 9.5였던 때였습니다. 그리고 그 도전은 빠른 포기를 불러 왔습니다. 후디니를 배워 보고 싶었으나 아무것도 모른 채 기본도 없이 혼자 독학을 해보려는 게 얼마나 무모한 것인지를 배웠습니다.

다른 CG 툴은 강좌와 인터넷이 있으면 독학으로도 곧잘 배우곤 했었는데 어째서인지 이 툴은 제자리 걸음을 벗어나지 못했습니다. '왜 나는 이렇게밖에 안될까?' 는 고민을 여러 번 했던 것 같습니다. 처음에는 프로그래밍 지식이 없어서 그런가 하는 생각도 해 보았습니다. 아마도 혼자 생각만 하니 엉뚱한 답을 내었던 듯싶습니다. 응용하기 위해서는 프로그래밍 지식이 분명 어디선가 도움이 될 수 있겠지만 답은 그보다 더 원초적인 부분에 있었습니다.

시간이 지나고 이것도 답이 아니란 생각이 들어서 다시 같은 질문을 하러 제자리로 돌아왔습니다. 그리고 다른 결론에 다다르게 되었습니다. 그때는 너무 기본이 없어서 그 위로 지식을 쌓아 올라갈 수 없었던 것이었습니다. 무엇을 만들지, 그걸 만들려면 어떻게 접근해야 할지 스스로 알고 있는 최적의 선택지를 정해가며 문제를 해결하는 버릇을 들이는 게 첫 단추가 되어야 했는데 이런 당연한 것을 계속 미뤄두고 있었습니다.

무엇을 언제 어떻게라는 선택지들은 대부분 강좌나 자료들이 정해주는 것으로 떠넘겨 버리고 그다음의 디테일한 부분만 다듬거나 멋있어 보이는 결과를 만드는 법만 해보면 마치 그 앞의 과정들까지도 모두 다 내 지식으로 저절로 쌓이는 줄 알았습니다. 포인트와 버텍스가 어떤 차이인지도 정확히 모를 정도로 기초가 부족했지만, 그저 원하는 장면이 나오는 강좌를 따라 하면 결과가 만들어지는 실속 없는 시절만 쌓았던 것 같습니다. 물론 그런 강좌를 따라 하며 배우는 것도 상당히 필요한 과정이겠지만 기초가 없는 상태에서 그저 무턱대고 강좌만 따라하는 것은 열 번을 봐도 온전히 내 것으로 소화가 될 것은 하나도 없을 정도로 효율이 떨어지는 학습 방법입니다.

지금도 군데군데 빠진 지식의 조각이 많고 어쩌면 후디니에 대해 아는 부분이 100분의 1정도나 될까 하여 스스로 '참 엉터리 같구나'라는 생각이 들기도 합니다. 하지만 이 책을 접하면서, 부족한 실력이지만 이 책을 더 많은 분들에게 소개시켜드릴 수 있다면 좋겠다는 용기있는 바람을 가지게 되었습니다.

저 또한 이 책을 통해 많은 도움을 받았습니다. 후디니에 맞은 자연스러운 접근법이라든가 국내외 커뮤니티의 질의응답을 통해서는 뭔가 부족하게 느껴졌던, 그래서 불안했던 느낌을 이 책을 통해 많이 해소할 수 있었습니다. 이전에는 확실하게 와닿지 않았던 답변들도 더 잘 이해할 수 있게 된 것도 있었습니다.

모를 때는 아무리 들어도 헷갈리던 부분들이, 알고나면 별 것 아닌 기본을 단단하게 잡아주는 것이 이 책의 매력입니다. 그 후에 길이 스스로 열리는 경험은 이 책을 만난 후 제 경험이기도 합니다.

처음 초판본에서 시작하여 개정판이 나오고 나서야 한글판을 소개시켜드릴 수 있게 되었습니다. 번역서가 처음이라 생각보다 오래걸렸지만 본문 내용은 후디니 최신 버전 16.5를 다루고 있으므로 오랫동안 여러분에게 도움이 될 수 있는 책으로 남았으면 좋겠습니다.

끝으로 저의 부족한 일본어를 바로잡아서 이 책이 나오기까지 큰 도움을 주었던 곽민경 님과 가까이서나 멀리서 늘 저를 응원해주시는 부모님, 친구들, 선후배님들, 동료분들께도 감사를 드립니다. 여러분의 응원 덕분에 즐겁게 책을 준비할 수 있었습니다. 그리고 국내의 척박한 CG 업계에 또 한 권의 좋은 책을 만들고 출간할 수 있도록 기회를 만들어준 비엘북스에도 감사를 표합니다. 모두 고맙습니다.

2018년 무더위가 기승을 부리던 여름,

역자 박민수 드림

추천사

이 책은 제목에서도 알 수 있듯이 후디니를 처음으로 접하고 배우려는 입문자들에게 더할 나위 없이 친절하고 유익한 내용을 담고 있습니다. [후디니 스타트업]을 읽고 추천하고 싶은 두 가지 점을 적어 볼까 합니다.

첫 번째 "후디니 기본 개념의 간결하고 명확한 설명"

후디니는 지오메트리를 구성하는 컴포넌트(point, vertex, primitive, edge, detail)와 각 컴포넌트가 가지고 있는 속성(어트리뷰트)들을 읽고 편집하거나 새롭게 생성하는 일련의 과정들이 사용자와 매우 밀접한 관계가 있습니다. 실무를 하면서 저 역시 늘 진행하는 과정 중 하나이며 가장 초석이라고 할 수 있습니다. 이러한 부분을 명확히 이해하고 넘어가는 것이 후디니를 시작하는 중요한 포인트라고 할 수 있는데 [후디니 스타트업]은 이를 간결하면서도 이해하기 쉬운 방법으로 설명하고 있습니다.

두 번째 "후디니의 프로시주얼(Procedural) 방식으로 구성된 제작과정"

후디니를 이해하는 가장 중요한 '프로시주얼(Procedural)'이라는 개념. 좀 더 설명하면 작업 공정상 시작부터 끝까지 큰 틀을 만들고 그 세부적인 디테일을 추가하면서 최종 결과물을 도출하도록 노드 네트워크를 구성하는 방법의 하나로써, 어떤 인풋 값에 대응하는 결과물이 언제나 해당하는 목적에 부합되도록 도출하는 방식입니다.

책에 좀 더 자세히 언급되어 있으니 읽어보면 이해하는 데 어렵지 않을 것입니다. 하지만 뜻 자체는 이해하기 쉬워 보이지만, 그 개념을 가지고 노드 네트웍을 구성한다는 것이 절대 쉬운 일은 아닙니다. 실무에서 경험이 많은 분들도 언제나 이 부분을 고민하며 작업합니다.

그렇다면 이 중요하고 어려운 개념이 어떻게 담겨 있느냐가 관건입니다.
각 챕터별 예제(파괴, 파티클, 액체, 실무 제작...)는 프로시주얼 개념을 바탕으로 구성된 노드 네트웍들입니다.

유저들이 후디니 강점인 '프로시주얼' 방식을 잘 이해 할 수 있도록 하면서. 차후 디테일하고 복잡한 작업들을 진행할 때 프로시주얼 기반의 노드 네트웍을 구성할 수 있는 기초 가이드 역할을 해 주고 있습니다.

이 두 가지를 이해하고 내 것으로 만들 수 있다면, 후디니 시작의 반 아니 그 이상이라고 생각합니다. 이 책을 보는 독자 분들이 [후디니 스타트업]을 통해 기초적이자 필수적인 예제를 경험하면서 후디니에 관심을 가지는 계기가 되었으면 합니다.

이 책을 보면서, 약 15년 전에 제가 후디니를 시작할 때 이 책이 있었다면 훨씬 더 쉽게 후디니와 친해지지 않았을까라고 생각했습니다.

끝으로 후디니를 좀 더 널리 알리고자 하는 마음으로 번역을 해주신 빅민수 님과 책 출판을 위해 힘쓰시는 비엘북스에 응원의 박수를 보냅니다.

[성정훈] 알프레드이미지웍스 | FX 실장

몇 년 전, 제가 처음 접한 후디니는 매우 흥미로운 프로그램이었습니다. 기존 리소스 제작 방식으로는 표현하기 힘든 것들을 만들어내는 건 물론이고 자연스럽게 변형하는 데이터들을 보면 놀라울 정도였죠. 하지만, 자료를 찾아 공부를 해보려니 마땅한 자료를 찾기 어려웠던 것이 큰 아쉬움이었습니다. 갈수록 업계에서 활용도가 넓어지는 툴이지만 처음 접근하는 유저들에게 쉬운 지침서가 없다는 것이 늘 아쉬웠습니다.

이 책은 후디니의 기본 개념에서부터 지오메트리의 제작관리 그리고 많은 이들이 궁금해하는 파괴, 파티클, 액체 제작까지 후디니에 필요한 기본 숙지 사항들이 잘 정리되어 있습니다. 인상적이었던 것은 친절한 기능 설명과 더불어 필수 개념을 하나하나 짚어주는 부분이었습니다. 이는 향후 고급 기능을 활용하기 위해 큰 도움이 될 것 같습니다. 이 책에서 소개된 설명과 예제들을 따라 하다 보면 어느새 기본기가 단단하게 다져진 후디니 아티스트가 되어 있을 것입니다.

[이상윤] 유니티 테크놀러지스 코리아 | 테크니컬 아티스트 / 에반젤리스트

추천사

후디니는 마야나 맥스와 너무 달라서 새로운 용어나 개념들이 너무 많았고 그것들을 후디니에 적응하는 것이 제일 힘들고 오래 걸렸습니다. 이 책은 그 과정과 시간을 획기적으로 줄여줄 수 있는 길잡이를 톡톡히 해 줄 수 있는 책입니다.

후디니를 처음 공부하는 사람들의 입장을 생각하며 책을 읽어 나갔습니다. 아무리 쉽게 풀어써도 한 번에 이해하는 것은 어려운 일입니다. 저자는 그것을 헤아렸는지 아직까진 이해되지 않는 것이 정상이라며 독자를 안심시켜주는 부분이 좋았습니다. 너무 걱정하지 말고 차근차근 공부해보라는 뜻이 아니었을까요. 그리고 별거 아니지만 초보자에게 유용한 작은 팁들도 많이 제공하여 툴을 쉽게 쓸 수 있도록 도와주었습니다.

기존에 공부했던 분들도 당시 자료가 부족한 탓에 확실히 이해하지 못한 개념들도 있을 것입니다. 이 책은 SOP, POP, DOP(파괴, 연기, 액체)를 모두 다루고 있기 때문에 모든 부분에서 부족했던 기초를 더욱 탄탄하게 다져줄 것입니다.

[김경헌] 엘리엇 | FX 아티스트

후디니는 기본 원리와 개념을 모르면 사용할 수 없는 툴입니다. 우연한 기회에 이 책의 베타테스트를 하면서 너무 좋았습니다. 물론 수학 공부도 조금은 필요하지만, 개인적으로 놓치고 있었던 기초 부분과 몰랐던 부분들 또는 두루뭉술하게 떠 있던 개념을 확실하게 잡아준 책입니다.

[송창현] 엘리엇 | FX 아티스트

CG 작업을 하다 보면 해당 분야뿐 아니라 여러 파트의 기본적인 지식이 필요할 때가 많습니다. 그중에서 후디니는 컴퓨터 그래픽스의 방대한 지식을 포함하고 있어서 유저들이 가장 접근하기 어려운 툴 중의 하나일 것입니다. 이 책은 후디니 입문자들이 반드시 알아야 할 기초 개념을 친절하게 설명하고 있어서 후디니를 시작하기 아주 좋은 책인 것 같습니다.

[하호준] 로커스 애니메이션 스튜디오 | 룩뎁 & 라이팅 TD

이 책으로 후디니를 시작했었다면, 처음에 후디니를 포기하지 않았을 것 같습니다. 이 책에서는 몇 년 동안 와 닿지 않았던 변수의 개념이나 데이터형과 속성을 세세하게 다루고 있고, 헷갈리는 부분은 역자 주석에서 한 번 더 이해를 돕고 있습니다. 후디니를 처음 접하거나 아직 기능적 개념이 잡혀 있지 않는 분들께 정말 추천해드리고 싶은 책입니다.

[허민] 맥파이즈 | CG 아티스트

기초를 쉽게 풀어서 단단히 다질 수 있는 내용의 책이라서 취업을 준비하는 분들께 큰 도움이 될 것 같습니다. 부담 없는 양이지만, 처음부터 마지막 부록까지 도움이 되는 내용으로 가득해서 컴퓨터 옆에 두는 것만으로도 든든해집니다. 한 번에 모두 완독해도 좋고, 생각나는 부분만 찾아도 개념을 잡고 시행착오를 줄이는 데 큰 도움을 줍니다. 후디니 공부에 어려움을 겪고 있는 분들은 물론이고, 기초가 아쉬웠던 실무자분들께도 도움이 될 것 같습니다.

[김현종] 맥파이즈 | CG 아티스트

이 책은 저자의 오랜 강의 경험을 바탕으로 후디니의 기초 개념을 아주 쉽게 설명하는 책입니다. 저도 후디니를 처음 공부할 때 이 책으로 조금이나마 후디니가 무엇인지 이해할 수 있었고, 앞으로 어떻게 공부할 것인지에 대한 방향을 잡을 수 있었습니다. 한국에서도 점점 후디니에 대한 관심도가 늘어나고 있는 만큼 후디니를 처음 시작하는 분들에게 좋은 교재라고 생각됩니다.

[배현수] 마루인터내셔널 | 기술지원파트

3D 이펙트 마법의 시작
Houdini 스타트업

CONTENTS

들어가기에 앞서 ··· 3
예제데이터 다운로드 ··· 12

제1장 사전 지식
[1 . 1] 기본적으로 알아두어야 할 것 ·· 4
[1 . 2] 「Houdini 무료 버전」 설치하기 ······································ 19
[1 . 3] 기본 UI 조작 ··· 24

제2장 기본 제작
[2 . 1] 지오메트리 편집의 준비 ··· 36
[2 . 2] 간단한 지오메트리의 편집 ·· 42
[2 . 3] 기본적인 렌더링 ··· 66

제3장 "파괴"의 제작
[3 . 1] 「다이내믹스」의 사전 지식 ·· 74
[3 . 2] 단단한 물체의 시뮬레이션 ··· 76
[3 . 3] 파괴 시뮬레이션 ·· 84
[3 . 4] Glue에 의한 접착 ··· 92

제4장 "파티클"의 제작
[4 . 1] 시뮬레이션을 사용하지 않는 파티클의 제어 ······················ 98
[4 . 2] 파티클의 기본 ··· 109
[4 . 3] 파티클의 응용 ··· 120
[4 . 4] 파티클의 렌더링 ·· 128

CONTENTS

제5장	"액체"의 제작

[5 . 1] 「액체」 만들기 ……………………………………………………… 136
[5 . 2] 「SOP」를 사용한 외력 만들기 …………………………………… 150

제6장	"연기"의 제작

[6 . 1] 「연기」 만들기 ……………………………………………………… 160
[6 . 2] Advection (이류) ………………………………………………… 172
[6 . 3] 「연기」의 변형 …………………………………………………… 180

제7장	실제 제작하기

[7 . 1] 충돌에 반응하는 「입자」와 「연기」 발생시키기 ……………………… 192

부록	

- 자주 사용하는 SOP ……………………………………………………… 209
- 자주 사용하는 변수 ……………………………………………………… 210
- 자주 사용하는 Expression 함수 ………………………………………… 210

색인……………………………………………………………………………… 210

● 각 제품명은 일반적으로 각사의 등록상표 또는 상표이며, ® 및 TM은 생략하고 있습니다.

「예제데이터」의 다운로드

이 책의 샘플 데이터는 비엘북스의 홈페이지에서 다운로드 할 수 있습니다.

http://www.vielbooks.com

다운로드한 ZIP 파일은 아래 패스워드의 대소문자 입력에 주의하면서 압축을 해제하세요.

iACWCS8fUY

※ 패스워드로 잠겨있는 ZIP 파일이 잘 풀리지 않는다면, 다른 압축 소프트웨어를 사용해보세요.

이 책의 표기에 대해서

■ 예 : TranslateY를 3으로 설정

이렇게 표기된 3개의 파라미터(0,0,0과 같은 표기)는 왼쪽부터 순서대로 각각 「X, Y, Z」를 말합니다. 위 예에서는 Translate 라는 파라미터의 「중간」값(Y)을 3으로 설정하라는 뜻입니다. (※ 역자주 : Translate [0,0,0] → Translate [0,3,0])

■ 예 : 제2 입력에 연결(접속)

노드의 입력이 여러 개일 때 가장 왼쪽의 입력을 「제1 입력」, 그리고 오른쪽 방향 순서대로 「제2 입력」, 「제3 입력」…으로 표현하고 있습니다.

■ 본문에서 SOP과 DOP 앞에 있는 「~의」 표기는 글의 이해를 위해 편집부가 만들어 넣은 것입니다. 실제로는 「~의」를 넣지 않고 읽는 것이 일반적입니다. (※ 역자주 : 위 「~의」 표기 내용은 원서인 일본어판의 내용에 대한 부분이므로 한글 번역본과는 표기 방식이 다른 부분도 있으니 참고하시기 바랍니다.)

■ 별다른 지정이 없는 한 SOP에서 디스플레이 플래그는 항상 새로 생성한 노드에서, DOP에서 아웃풋 플래그는 「Output」 노드가 켜짐(On)인 상태를 전제로 합니다.

■ 이 책은 Houdini 버전 「16.5.268」, OS는 「Windows」를 전제로 설명되어 있습니다.

최신판과 본 책의 버전이 달라서 노드 이름과 파라미터 이름에 차이가 있는 경우는 아래 저자의 URL를 참조하세요. 또, 이 책으로 학습하는 동안 생각대로 진행할 수 없거나 의문점 혹은 문의 사항이 있는 경우에도 저자의 홈페이지를 참조하세요. 자주 묻는 질문(FAQ)을 정리해 두었습니다.

저자 개인 사이트 [Graberry]

http://graberry.web.fc2.com

제 1 장

사전 정보

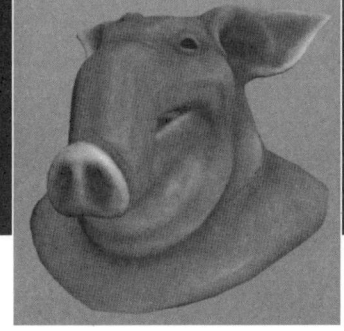

우선 Houdini에 대해서 하나씩 알아봅시다.

1.1 기본적으로 알아두어야 할 것

여기에서는 「Houdini」를 사용할 때 필요한 사항에 대해서 설명합니다.

■ 「노드」(Node)란

「Houdini」(후디니)에서 노드는 어떤 단순한 기능을 실행하는 유닛입니다. 이를 오퍼레이터(Operator)라고도 합니다.

Houdini는 항상 노드를 사용하여 작업하는 노드 기반(노드베이스)의 소프트웨어로, 노드가 각각의 기능을 실행하는 것은 쿠킹(Cooking)이라고 합니다.

후디니는 많은 종류의 노드들을 조합하여 제작합니다. 예를 들어, 과일 레몬을 만든다면, 「구체 만들기」 노드 / 「변형시키기」 노드 / 「색칠하기」 노드를 만들어서 적절한 순서로 연결하는 것입니다. 그리고 이러한 노드 간의 연결 구조를 「네트워크」(Network)라고 합니다.

또, 이때의 「색칠하기」 노드 안에서 '어떤 색을 입힐 것인가'처럼 노드 고유의 설정을 파라미터(Parameter) 또는 채널(Channel)이라고 합니다.

일부 노드는 다른 노드를 포함하는 중첩(Nesting) 구조도 가능합니다.

(※역자주 : 「중첩=네스팅=Nesting」이란? 겹쳐 접치거나 포개어지는 구조를 뜻하는 말로 "그룹1 안에 그룹2 안에 그룹3 안에 …"처럼 거듭해서 어떤 묶음을 포개어 넣을 수 있는 구조를 말합니다.)

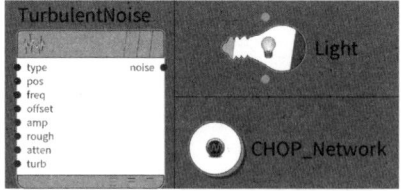

「노드」의 예
종류와 설정에 따라 외형은 다르지만, 대부분의 경우 그 노드의 종류를 나타내는 아이콘이 그려져 있습니다.

노드 기반의 워크플로우는 다음과 같은 장점이 있습니다.

- **비파괴적이다(Non-destructive)**
제작 도중에 편집이나 변경 또는 동일한 것의 카피 등을 쉽게 할 수 있습니다.

• 프로시주얼 방식이다

예를 들면, 일반적으로 지오메트리의 버텍스 위치가 살짝 어긋나 있을 경우, 이를 육안으로 알아 채기 어려울 때가 있습니다. 그러나 「Houdini」에서는 제작 과정이 노드로 분명하게 드러나 있으므로 어디가 잘못되었는지 한눈에 파악할 수 있습니다.

숙련자에게 제작과정에 대한 설명을 듣지 않더라도, 제작된 씬 데이터를 보는 것만으로도 많은 지식과 기술을 받아들이거나 전달하는 것이 가능합니다.

• 자유도가 높다

노드를 어떻게 구성할 것인지에 대해서 무한한 조합이 가능하며, 다른 소프트웨어에서는 구현이 어려울 것 같은 복잡한 장면도 만들 수 있습니다.

■「변수」(Variable)란

「변수」는 값을 저장하는 공간입니다. 여기서 값은 숫자나 문자열 같은 형태를 포함합니다. 예를 들어 「PI」변수에는 원주율」(π, 파이, 3.1415 ...)을 나타내는(소수점 이하 수십 자리까지) 수가 들어 있고, 「HFS」변수에는 「C:/Program Files/…」같은 「Houdini」의 설치 경로를 나타내는 문자열이 들어 있습니다.

이처럼 변수를 사용하면 긴 수치나 값을 매번 입력하는 수고도 덜고 보기도 매우 깔끔해집니다.

또한 「F」라는 현재 프레임 값이 들어 있는 변수나 「OS」라는 자기(self) 노드 이름이 들어 있는 변수를 사용하여 작업을 자동화시키거나 효율적인 제작이 가능해지는 등 다양한 이점이 있습니다.

※ 기타 자주 사용하는 변수에 관해서는 「자주 사용하는 변수」(p.210)를 참조하세요.

나만의 새로운 변수를 정의할 수도 있습니다. 변수를 참조하는 경우에는 변수 이름의 앞머리에 「$」 기호를 붙여서 「$F」와 같이 사용합니다.

변수의 개념도
가령, 「PI」라는 변수는 원주율을 나타내는 숫자가 포함되어 있어서 일일이 숫자를 입력하는 대신 「$PI」라고 쓰는 것만으로도 값을 참조할 수 있습니다.

■ 데이터의 타입(데이터형:Data Type)

변수(Variable)와 어트리뷰트(Attribute:속성)에서 사용되는 값에는 형(Type)이 있습니다.(뒤에 다시 설명합니다.)

대표적으로 아래 표 내용과 같습니다.

Integer(Int)	정수
Float	부동 소수점 (엄밀하게는 다르지만 '소수'와 동의어로 보아도 거의 무관합니다)
Vector	3차원 벡터
String	문자열

이 외에도 경우에 따라 Vector4(4차원 벡터)나 Matrix3(3x3 행렬) 등 다양한 형태가 있습니다.

「형(Type)」을 이해하는 것은 중요합니다. 예를 들어, Integer형의 값끼리 나누기를 할 때 결과도 Integer 형이 되는 성질 때문에 7 / 2 (7÷2)의 정수 연산 결과는 나머지를 버린 「3」이 됩니다. 만약, 나누는 수가 Float 형이면 결과도 Float 형으로 따라가는 성질이 있습니다. 이때 「3.5」라는 소수값을 가진 결과를 얻을 수 있습니다.

이처럼 「데이터 형(Data Type)」을 잘 이해하지 못하면 정확한 계산을 할 수 없으므로 주의해야 합니다.

(※ 역자주 : 데이터형(Data Type)에서 형(Type)의 부분은 형, 형식, 형태, 종류, 타입 등의 의미가 통한다는 전제하에 다양한 단어로 쓰이더라도 똑같은 뜻을 의미하는 표현으로 쓰입니다.)

■ 각 컨텍스트(Context)의 의미

「Houdini」에서는 모델링, 다이내믹, 렌더링, 컴포지트 등 분야별로 명확하게 구분하고 있습니다. 예를 들어, 모델링이 가능한 「SOP 네트워크」 안에서는 「SOP」라는 종류의 노드만 만들 수 있고, 「POP」이나 「DOP」에 속하는 종류의 노드는 「SOP 네트워크」 안에 직접 만들 수 없습니다. 이것은 다른 영역에서도 마찬가지입니다.

이러한 각각의 구분을 컨텍스트(Context)라고 합니다. 일반적으로는 여러 종류의 네트워크들을 오가며 작업하게 됩니다.

그리고 「SOP 네트워크」 속에 「DOP 네트워크」를 만드는 식으로, 여러 컨텍스트끼리 서로 다른 종류의 네트워크들을 내포하면서 「중첩(Nesting)」 구조로 만드는 것도 가능합니다.

(※ 역자주 1 : SOP 네트워크 속에 DOP 노드를 생성시키는 것이 아니라, DOP 네트워크로 연결만 시켜주는 역할의 「DOP Network」라는 이름을 가진 노드를 만드는 내용입니다.)

(※ 역자주 2 : Context는 편의에 따라 SOP Network, DOP Network와 같이 네트워크라고 표현하기도 합니다)

다음은 각 컨텍스트의 설명입니다. [ ] 안은 「네트워크 에디터」에 표시되는 명칭입니다.

● OBJ (Object) [Scene]

주로 지오메트리(Geometry), 카메라(Camera), 라이트(Light) 등의 변형(Transform:이동/회전/스케일)을 제어합니다.

● SOP (Surface Operator) [Geometry]

주로 지오메트리(Geometry)를 편집합니다. 폴리곤 뿐만 아니라 파라메트릭 커브나 볼륨 등의 편집도 가능합니다.

특유의 다양한 기능이 있는 「Houdini」는 다른 네트워크와 데이터를 주고 받으면서 사용하는 경우도 많기 때문에 대부분의 작업에서 기본이 되는 컨텍스트입니다.

● POP (Particle simulation Operator) [Particles]

파티클(Particle, 입자)을 제어합니다. 현재는 거의 사용하지 않고, 파티클도 아래의 「DOP 네트워크」 안에서 제어하는 것이 일반적입니다.

● DOP (Dynamics Operator) [Dynamics]

다이내믹스(Dynamics,역학)에 기반하여 오브젝트를 제어합니다.
단단하고 딱딱한 물체나 액체(Fluid) 혹은 연기(Smoke) 등 다양한 종류의 연산에 따른 제어가 가능합니다.

● CHOP (Channel Operator) [Motion FX]

주로 파형(Wave Graph)을 생성하고 편집합니다.
예로, 음성(Wave, 파형) 데이터를 가져와서 편집한 후, 데이터를 그대로 애니메이션 커브에 활용할 수 있습니다.

● SHOP (Shading Operator) [Shaders]

질감을 설정하기 위한 메테리얼(Material, 재질)을 만들 수 있습니다.
예전에 「/shop」 경로에서 재질을 제어하던 방식은 현재 거의 사용하지 않고, 주로 「/mat」 경로에서 재질을 제어합니다.

● ROP (Render Output) [Outputs]

렌더링 합니다. 이미지 아웃풋 뿐만아니라 지오메트리 캐시를 출력할 수 있습니다.

● COP (Composite Operator) [Composition Networks]

컴포지트(Composite, 합성) 작업을 진행합니다. 렌더링된 이미지를 합치고, 색상을 조절하거나 이미지 형태의 변형을 시킬 수 있을 뿐 아니라 이미지 포맷의 변환도 할 수 있습니다.

● VOP (Vector Operator) [VEX Builder]

「Houdini」에서 사용하는 프로그래밍 언어인 VEX(Vector Expression Language)를 노드에서 제어할 수 있도록 한 것으로, 정수나 소수끼리의 연산은 물론 벡터, 메트릭스(행렬), 쿼터니언 등 다양한 종류의 수치 연산이 가능합니다.

주로 다른 여러 가지 네트워크의 강력한 보조역으로써 역할을 하지만, 익숙해지기 전에는 다루기 어렵게 느낄 수도 있습니다.

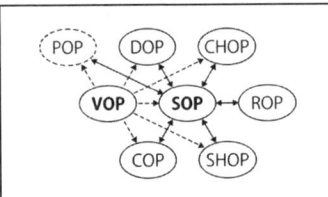

컨텍스트 관계도
「SOP」이 베이스, 「VOP」이 서포트 역할임을 알 수 있습니다.
상당히 간략화되어 있지만, 실제로는 ROP-SHOP 사이 등 다양한 컨텍스트 사이에서 데이터의 상호 전달이 이루어집니다.

■「프로시주얼(절차적:Procedural)」이란

흔히 입력되는 값이나 형태를 변경하면 그에 따라 대응하는 결과를 얻을 수 있는 구조를 프로시주얼한(절차적인) 형태라고 합니다.

예를 들어, 같은 높이의 책상을 많이 늘어놓고 하나의 파라미터만 변경하여 모든 책상의 높이를 결정할 수 있을 때는 프로시주얼이라고 말할 수 있습니다. 하지만, 파라미터의 값을 변경하면 모양이 깨져버리거나 너무 많은 파라미터를 조정해야 할 경우는 프로시주얼이라고 할 수 없습니다.

「Houdini」에서 최대한 프로시주얼 방식으로 만든 것은 제작이 완료된 후에도 변경과 수정을 쉽게 할 수 있게 되고, 나중에 유사한 것을 만들 때도 간단하게 만들 수 있는 등 장점이 많은 기법입니다.

프로시주얼 개념이 당장 이해되지 않더라도, 이 책의 내용을 진행하는 데는 문제가 없습니다. 하지만 이것은 「Houdini」를 사용하는 데 있어서 중요한 개념이므로 가급적 기억해두는 것을 권합니다.

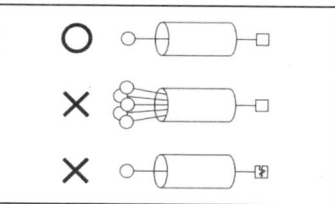

프로시주얼 개념도

하나의 출력을 얻기 위해 여러 개의 입력을 필요 이상으로 요구하거나, 입력값을 변경했을 때 출력값이 에러로 나오는 경우 프로시주얼이라고 할 수 없습니다. 이것은 「함수(Function)」를 다룰 때도 마찬가지입니다.

1.2 「Houdini 무료 버전」 설치

■「무료 버전」에 대하여

무료 버전(Apprentice)에서는 유료 버전의 거의 모든 기능을 사용할 수 있습니다. 무료 버전에서 일부 제한적인 부분은 다음과 같습니다.

- 비상업적인 사용 목적으로만 사용할 수 있습니다.
- 씬(Scene)과 에셋 데이터는 무료 버전 고유의 자체 파일형식으로 저장됩니다.
- 렌더링 해상도가 최대 1280×720으로 제한되며 워터마크가 추가됩니다.
- 서드 파티 렌더러를 사용할 수 없습니다.

비상업적인 또는 상업용 목적에서 몇 가지 제한적 조건에 해당되는 경우라면, 일반 유료 버전(Houdini FX)의 수십 분의 일 가격으로 구입할 수 있는 후디니 인디 버전(Houdini Indie)을 사용할 수도 있습니다. 자세한 내용은 SideFX 홈페이지 (http://www.sidefx.com/)를 참고하세요.
(※ 역자주 : 대한민국의 sidefx 총판 및 Houdini 정품 라이센스 관련 업무는 2018년 6월 현재 「HicKo」에서 맡고 있습니다.)

■ 무료 버전 다운로드 방법

[1] http://www.sidefx.com 웹사이트에 접속
[2] 화면 상단의 메뉴에서 Get 〉 Download를 클릭

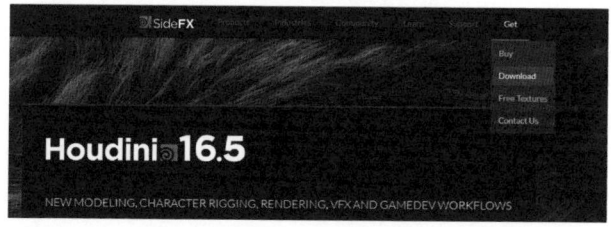

[3] 「SideFX」 계정을 만들거나 Google 이나 Facebook 등의 계정이 있다면 로 그인합니다.

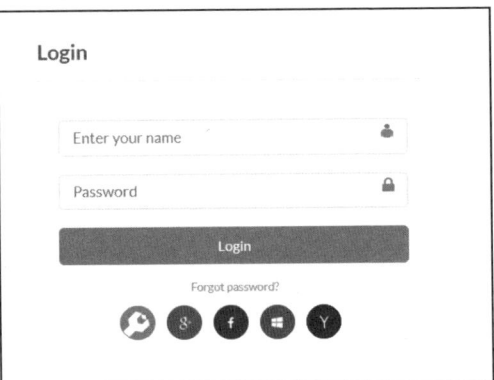

[4] 다운로드를 클릭합니다.

(※역자주 : 웹사이트의 구조 변경은 예고 없이 이루어지므로 다운로드 및 설치 방법은 다소 다를 수 있습니다.

현재는 Apprentice 버전의 다운로드 링크가 따로 존재하지 않고 단일 Download로 통합되었습니다.

라이센스 구분은 설치 중 라이센스 인증에 따라 Apprentice 버전으로 자동 등록 됩니다.)

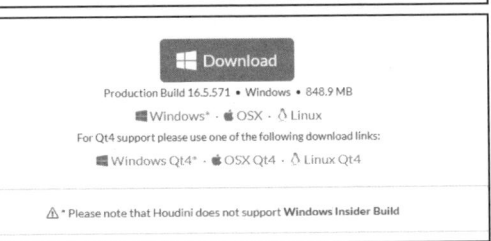

■ 무료 버전 설치

[1] 다운로드한 파일을 더블 클릭합니다.

[2] Setup 창이 나오면 Next를 클릭합니다.

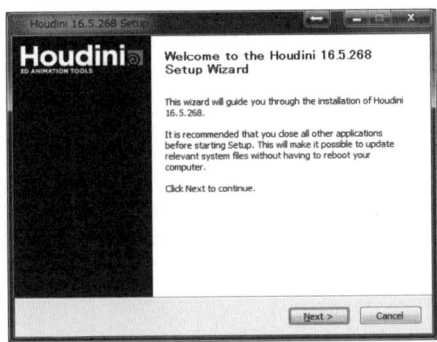

제1장 사전 정보

[3] 라이센스 동의서가 표시됩니다. 내용에 문제가 없으면 I Agree를 클릭합니다.

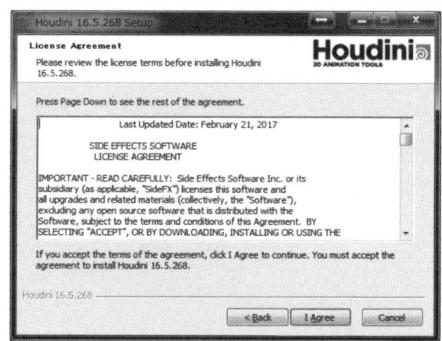

[4] 설치하려는 응용 프로그램의 종류를 선택하는 화면입니다.

기본 설정 값을 그대로 사용하는 편이 좋습니다.

선택을 변경하려면 체크박스를 클릭하고 선택이 완료되었으면 Next를 클릭합니다.

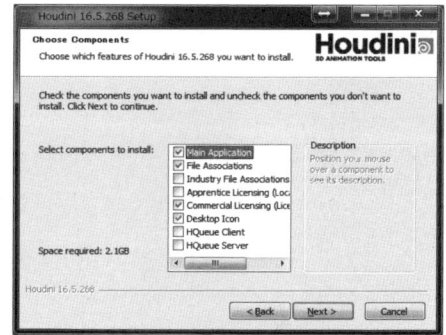

[5] 「Houdini Engine」이라는 플러그인의 설치 여부를 묻는 화면입니다.

역시 기본값을 그대로 사용해도 무방합니다.

필요한 경우에는 체크박스를 클릭하고 Next를 클릭합니다.

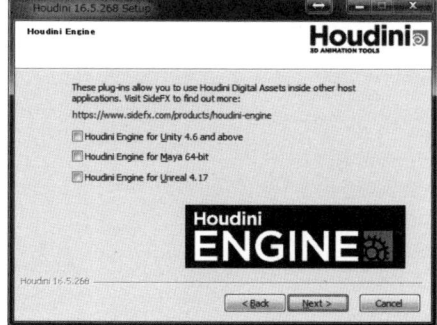

[6] 설치 위치를 선택하는 화면입니다. 기본값을 그대로 사용하는 것이 좋습니다.

설치 위치를 변경할 필요가 있을 경우는 경로 지정을 해주고, 지정이 끝났으면 Next를 클릭합니다.

(※ 역자주 : 별도로 파이프라인 셋업이 이미 정해져 있는 회사가 아니라면 가급적 기본 위치로 설치하는 것을 추천합니다.)

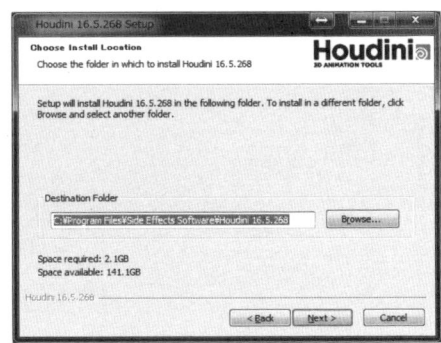

[7] 시작 메뉴의 바로 가기의 이름을 정하는 화면입니다. 특별한 경우가 아니라면 기본값을 그대로 사용하는 것이 좋습니다.

변경하려면 새로운 폴더명을 입력하고 Install을 클릭합니다.

설치가 끝날 때까지 기다립니다.

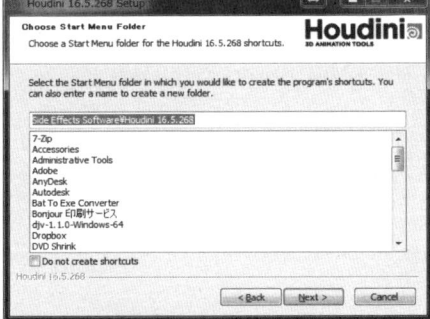

[8] 설치가 완료되었다는 메시지가 나오면, Finish를 클릭합니다.

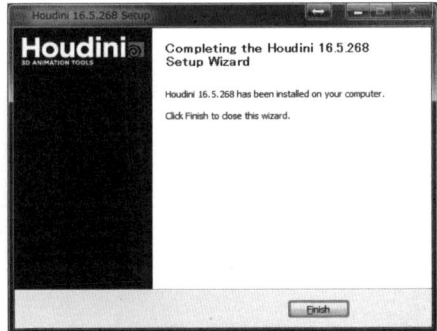

제1장 사전 정보

■ 무료 버전의 시작하기

설치된 후디니의 라이센스는 최초 실행할 때 설정합니다. 라이센스 설정이 끝나면 이 창이 나타나지 않습니다.

[1] 바탕 화면에 생성된 Houdini (버전 이름) 아이콘을 더블 클릭합니다.

[2] 라이센스 설정 창이 먼저 뜹니다.

Install (or reinstall) my free Houdini Apprentice license(무료 버전 라이센스 설치)에 체크가 되어 있는지 확인하고 Next를 클릭합니다.

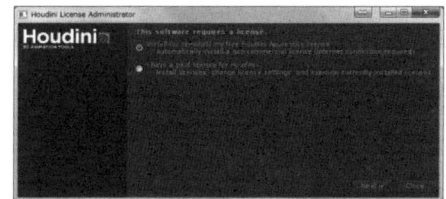

[3] 라이센스 동의서가 표시됩니다. 내용에 문제가 없으면 Accept를 클릭합니다.

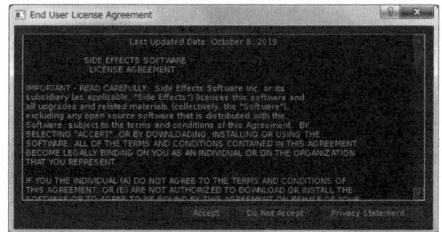

[4] The non-commercial licenses were successfully installed. What would you like to do next?(비상업용 라이선스 설치에 성공했습니다. 이제 무엇을 할까요?)라고 묻는 화면이 표시됩니다. Run(실행)을 클릭합니다.

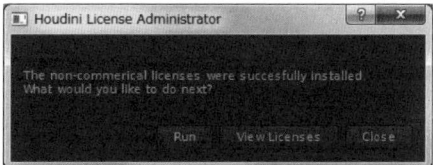

「Houdini」가 실행됩니다.

23

1.3 기본 사용법 익히기

이제 실제 조작해보면서 용어와 기본적인 사용법을 익혀보겠습니다.

■ 인터페이스의 개요

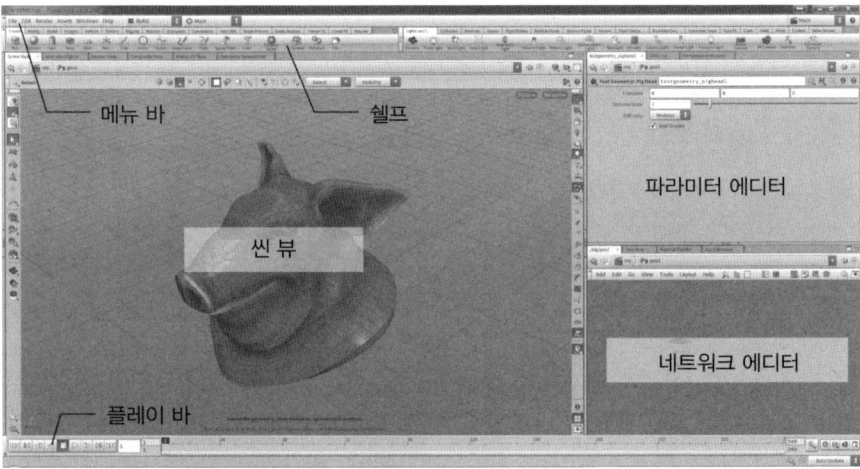

● 메뉴 바 (Menu Bar)

여러 항목을 가진 메뉴입니다.

● 쉘프 (Shelf)

아이콘을 클릭해서 다양한 기능을 실행할 수 있습니다.

● 플레이 바 (Play Bar)

애니메이션을 재생하기 위한 프레임을 제어합니다.

제1장 사전 정보

● 펜(Pane)

탭에서 관리하는 윈도우입니다. 다양한 종류가 있고, 레이아웃을 자유롭게 커스터마이즈 할 수 있습니다.

아래는 자주 사용하는 펜(Pane)의 예입니다.

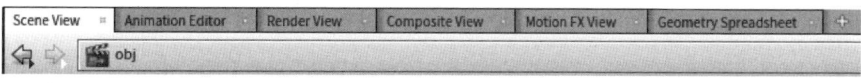

- **씬 뷰 (Scene View)**

3D 오브젝트의 모습을 자유로운 각도에서 볼 수 있습니다. 「Houdini」에서 씬 뷰는 오브젝트 편집을 직접 하는 것보다는 결과를 표시하는 용도인 경우가 많습니다. 「Houdini」의 좌표계는 기본적으로 Y축이 위로(UP) 향하는 오른손 좌표계 입니다.

- **네트워크 에디터 (Network Editor)**

노드의 배치와 연결을 관리합니다.

- **파라미터 에디터 (Parameter Editor)**

선택한 노드의 고유 파라미터 값을 설정합니다.

- **지오메트리 스프레드 시트 (Geometry Spreadsheet)**

어트리뷰트(속성 : Attribute)와 데이터(Data)의 실제 값을 스프레드 시트 같은 형태로 확인할 수 있는 기능입니다. 선택한 노드의 고유 파라미터 값을 설정합니다.

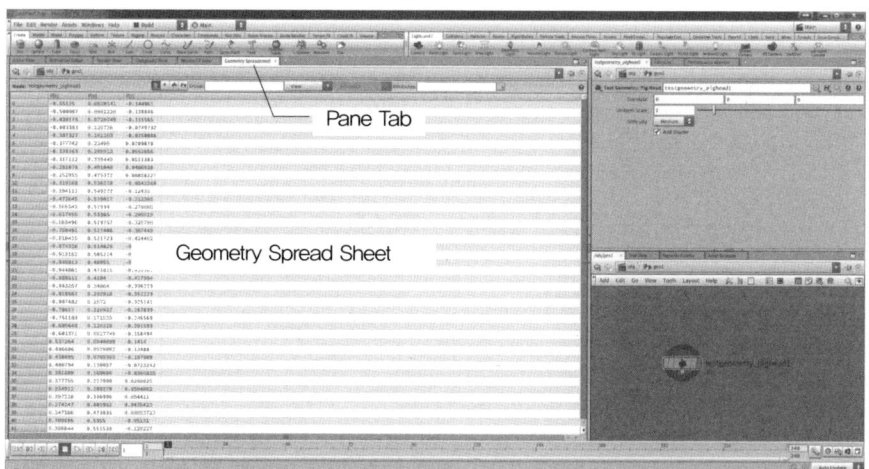

■ 노드 만들기

새로운 씬을 만들고 네트워크 에디터에서 [Tab] 키를 누릅니다. 현재 컨텍스트에서 사용할 수 있는 노드 목록이 표시됩니다. 목록에서 매번 일일이 선택하기 번거롭기 때문에 문자 입력으로 검색합니다.

[1] 「geo」라고 입력합니다. geo로 시작하는 이름을 가진 노드가 검색되고 Geometry 노드가 후보로 표시됩니다.

「geo」라고 입력

[2] [Enter] 키를 누릅니다. Geometry 노드가 만들어졌습니다. 네트워크 에디터에 표시되는 이 네모반듯한 것이 「노드(Node)」입니다.

노드

 노드는 클릭으로 선택할 수 있습니다. 노드가 노란 선으로 둘러싸여 있으면, 그 노드가 선택된 상태임을 나타냅니다. 노드의 오른쪽에 표시된 「geo1」 문자열이 이 노드의 이름입니다.

[3] 노드의 이름을 나타내는 문자열을 클릭하면 이름을 변경할 수 있습니다.

[4] 원래 이름을 삭제하고 「WORK」라고 바꾸어 입력한 후 [Enter] 키를 누르면 노드 이름이 WORK로 변경됩니다.

이름을 변경

[5] 네트워크 에디터에서 WORK 노드를 (a)더블 클릭하거나, 아니면 (b)WORK 노드를 클릭하여 선택한 후 Enter 키 또는 ①키를 누릅니다.

「네트워크 에디터」 상단의 obj 〉 WORK는 현재 위치를 나타내는 것으로 'obj에 있는 WORK 안에 들어와 있음'을 뜻합니다.

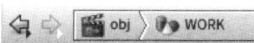

「네트워크 에디터」의 오른쪽 상단 부분에 Geometry라고 표시되고 있으므로 이곳이 「SOP 네트워크」 임을 알 수 있습니다. (컨텍스트(Context)에 관해서는 p.16를 참고하세요).

시험 삼아 Tab 키를 눌러 보면 노드의 후보가 방금 전과는 다르게 「SOP」 네트워크용 노드인 것을 볼 수 있습니다.

[6] (a)「네트워크 에디터」 상단 부분의 obj 표시 부분을 클릭하거나 (b)또는 네트워크 에디터에서 ⓤ 키를 누릅니다. 상류(Upstream) 단계인 「obj」 상태가 됩니다.

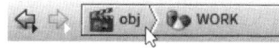

이와 같이 일부 노드는 「안으로 들어가는 것」이 가능합니다.

[7] 다시 WORK 노드를 더블 클릭하여 이 노드 안으로 들어갑니다.

[8] 네트워크 에디터 상에서 Tab 키를 눌러서 test라고 입력하고 (a)「Test Geometry : Pig Head」를 클릭하거나 (b) 또는 이 노드를 선택한 상태에서 Enter 키를 누릅니다.

「Test Geometry : Pig Head」 라는 새로운 SOP 노드가 만들어집니다.

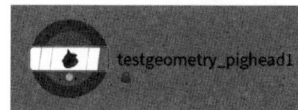

SOP에서는 1개의 노드마다 4가지 종류의 플래그(토글 스위치)를 가지고 있는데, 이 플래그들은 각각 On / Off로 전환할 수 있습니다.

기본적으로 색상이 빠진 상태가 Off, 색상이 들어 있는 상태가 On입니다.

● 디스플레이 (Display) 플래그

이 플래그가 On인 노드의 위치를 기준으로 그 위로부터 연결된 노드가 절차적으로 처리(Cook)된 결과를 씬 뷰(Scene View)에 표시합니다.

클릭하면 On으로 설정됩니다. 1개의 네트워크 안에서 한 번에 단 하나의 노드에만 디스플레이 플래그를 On 시켜 놓을 수 있습니다.

이 책을 따라 하면서, 노드를 연결했는데도 결과가 반영되지 않는다면, **먼저 그 노드의 디스플레이 플래그가 On 되어 있는지 확인**해 보세요.

● 템플릿 (Template) 플래그

템플릿 플래그를 On 하면 씬 뷰에 밝거나 옅은 색상의 와이어 프레임으로 표시됩니다. 클릭하여 On / Off를 바꿀 수 있습니다. (Shift) 키를 누른 채 클릭하면 여러 개의 노드에서 플래그를 On 할 수 있습니다.

● 잠금 (Lock) 플래그

현재 이 노드까지의 상태값(출력값)을 고정하고, 지오메트리 정보를 현재 씬 안에 저장합니다.
(Ctrl) 키를 누른 채 클릭하면 On / Off 전환이 가능합니다. 「On」으로 설정한 노드의 위치보다 상류에 있는 노드를 처리(Cook)할 필요는 없어지지만, 대신 씬 데이터의 크기가 커집니다. 이 플래그는 여러 개의 노드에서 동시에 On 할 수 있습니다.

● 바이패스 (Bypass) 플래그

On으로 설정한 노드는 건너뛰고 우회합니다.

클릭하면 On / Off를 전환할 수 있습니다. 여러 노드에서 이 플래그를 동시에 On으로 활성화 할 수 있습니다.

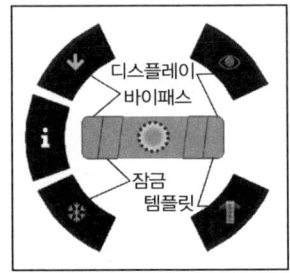

디스플레이 플래그

제1장 사전 정보

좀 더 자세한 설명이나 다른 컨텍스트의 플래그에 관해서는 공식 도움말 Nodes 부분의 각 컨텍스트 페이지를 참조하세요.

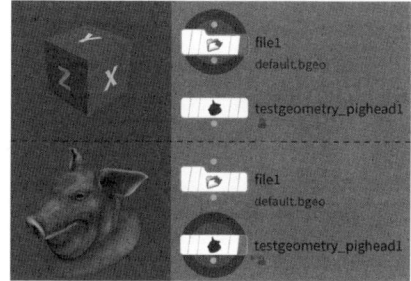

노드 편집을 해도 디스플레이 플래그를 On 하지 않으면 씬 뷰에는 표시되지 않으니 주의하세요.

■ 카메라의 조작

testgeometry_pighead1 노드의 디스플레이 플래그를 On 시킵니다.

> ※ 이후 별도로 지정이 없는 한 「SOP 네트워크」에서는 항상 새로 만든 노드의 디스플레이 플래그를 On으로 설정하세요.

「씬 뷰」를 보면, 돼지머리 모양의 오브젝트가 표시되었습니다.

- **씬 뷰에서 [Space bar] 키를 누르면서 드래그하면**
카메라가 텀블(Tumble)로 움직입니다.

- **씬 뷰에서 [Space bar] 키를 누르면서 마우스 우클릭 + 드래그하거나 또는 마우스 휠을 돌리면**
카메라가 돌리 인(Dolly In) / 돌리 아웃(Dolly Out)으로 움직입니다.

- **씬 뷰에서 [Space bar] 키를 누르면서 마우스 가운데 클릭 + 드래그하면**
카메라가 트랙(Track)으로 움직입니다.

- **씬 뷰에서 [Space bar] 키를 누르면서 [H] 키를 누르면**
카메라가 홈 포지션으로 이동합니다.

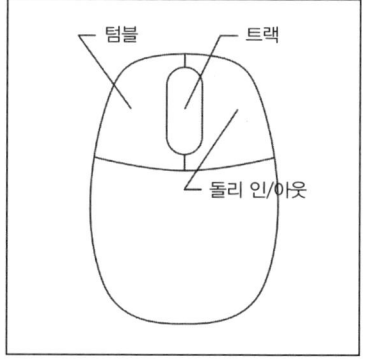

참고로 [Space bar] 키 대신 [Alt] 키를 사용해도 동일하게 동작합니다.

(※ 역자주 : 카메라 무빙 용어의 자세한 설명은 이 책에서는 다루지 않으므로 영화나 비디오카메라 워킹 관련 자료를 별도로 참고해주세요.)

우선 카메라의 조작은 이것만 기억해두면 됩니다.

「네트워크 에디터」에서 View의 조작법도 대부분 동일합니다. 다만 (a)노드가 없는 곳에서 드래그하면 Space bar 키와 Alt 키를 누르지 않고도 뷰의 조작이 가능하다는 것과, (b) 2차원이기 때문에 텀블(Tumble)과 같은 움직임은 할 수 없다는 점이 다릅니다.

[1] 씬 뷰에서 W 키를 누르면 「와이어 프레임 고스트」로 변경됩니다.

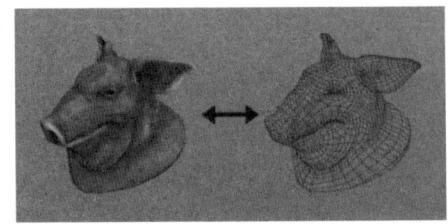

와이어 프레임 고스트

[2] 다시 씬 뷰에서 W 키를 누르면 원래의 보기로 돌아 왔습니다.

 씬 뷰 오른쪽 위의 아이콘을 누르면 다른 표시 방법으로 변경해서 볼 수 있습니다.

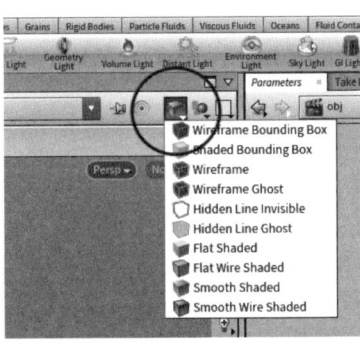

표시 방법의 전환

■ 컴포넌트(Component)의 편집

[1] 씬 뷰에서 S 키를 누르면 선택 모드로 변경됩니다.

「선택」 모드

[2] 씬 뷰에서 ②키를 누르면 Point 선택 모드로 변경됩니다.

③ 키를 누르면 Edge 선택 모드로, ④ 키를 누르면 Primitive 선택 모드로 변경됩니다. 컴포넌트(Component)의 종류에 관해서는 p.37를 참조하세요.

(※ 역자주 : 컴포넌트는 여러 3D 툴에서 공통으로 쓰이는 용어로 Point, Vertex, Edge, Primitive와 같이 하나의 3D 오브젝트를 구성하는 기본 요소들을 말합니다)

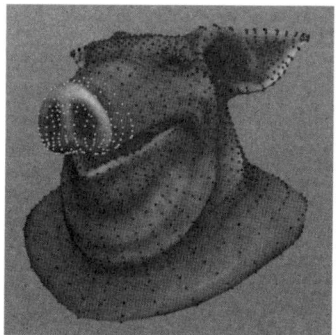

[3] 씬 뷰에서 오브젝트의 적당한 부분을 드래그하여 선택합니다. 선택된 컴포넌트는 노란색으로 표시됩니다.

드래그로 에워싸듯 선택

[4] 씬 뷰에서 ⓣ 키를 누릅니다. 「이동」 모드로 변경됩니다. ⓡ 키를 누르면 회전 모드로, ⓔ 키를 누르면 「확대 / 축소」 모드로 변경됩니다.

[이동] 모드

[5] 나타난 핸들(화살표)을 적당한 방향으로 드래그하면 컴포넌트가 이동합니다.

컴포넌트의 이동

이 책에서는 세부적인 방법은 생략하지만, 「Houdini」에서도 자유롭게 새로운 정점(Vertex)과 면(Polygon)을 늘리거나 분할할 수 있기 때문에 어떤 형태로든 모델링이 가능합니다.

■ 노드의 연결

네트워크 에디터를 살펴봅시다.

Edit SOP이 자동으로 만들어져 있습니다. 2개의 노드가 선으로 연결되어 있습니다.

이것은 노드가 연결된 상태입니다.

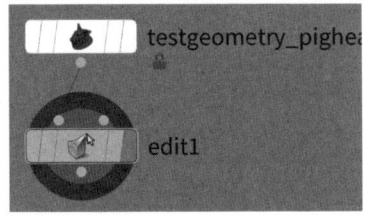

노드가 연결된 상태

[1] Y 키를 누르면서 연결을 표시하는 선과 교차되도록 마우스를 드래그하면 연결이 해제됩니다.

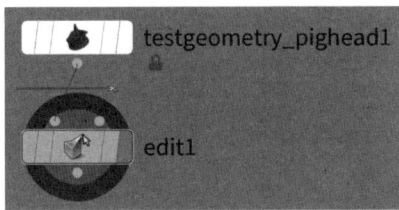

연결 해제

[2] testgeometry pighead1 노드의 밑에 있는 동그란 표시 부분에서 마우스를 드래그합니다. 마우스 커서에 선이 따라붙습니다.

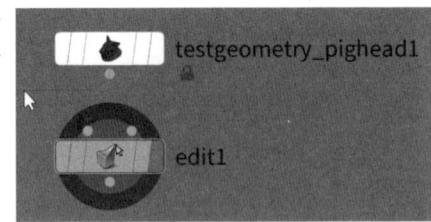

마우스 커서에 선이 붙음

[3] edit1 노드의 위에 있는 왼쪽의 동그란 표시 부분(제1 입력)에 드롭하면(마우스에서 손을 뗀다.) 다시 노드 간의 연결 상태로 돌아옵니다.

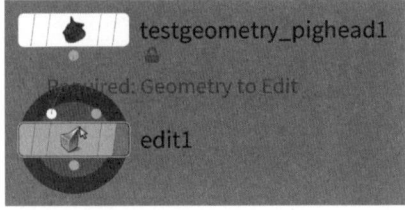

노드 간의 연결

이렇듯 자유롭게 새롭게 연결하거나 해제할 수 있습니다.
이후 노드 **위의 둥근 표시 부분을 「입력」,
아래의 둥근 표시 부분을 「출력」**이라고 합니다.

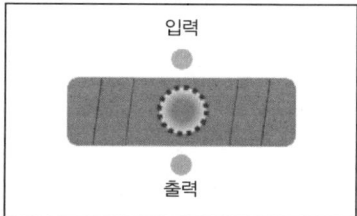

■ 파라미터의 편집

[1] edit1 노드를 선택합니다.

[2] 파라미터 에디터를 살펴봅시다.
Translate 파라미터에 이미 적당한 값이
들어 있습니다.

| Translate | 0.170421 | 0.142857 | 1.9881018 |

[3] edit1 노드에 Translate 파라미터의 값을 클릭해서 키보드로
다른 적당한 수치를 바꿔 넣고 다시 Enter 키를 누릅니다. 바뀐
수치가 씬 뷰에도 반영됩니다.

바뀐 수치가 씬 뷰에 반영

[4] edit1 노드의 Translate 파라미터 위에서 마우스 가운데 버튼을 누른 채로 유지하면 100, 10, 1… 과 같은 숫자가 있는 사각형이 나타납니다. 이것은 밸류 레더(Value Ladder)라고 하며 수치를 변경할 때 유용합니다.

[5] 마우스 가운데 버튼을 누른 채 커서를 .1의 사각형으로 이동시켜서 그대로 오른쪽 방향으로 드래그합니다. 그러면 0.1 단위로 값이 변경됩니다.

| 100 |
| 10 |
| 1 |
| .10 |
| .01 |
| .001 |
| .0001 |

이처럼 「밸류 레더」를 사용하면 특정 단위로 값을 조절할 수 있어서 상당히 편리합니다.

제 2 장

기본 제작 방법

대부분의 작업에서 기본 바탕이 되는 「SOP」를 사용하여 기본적인 지오메트리의 제작을 진행합니다.

2.1 지오메트리 편집의 준비

이펙트를 만들기 위해서, 「Houdini」를 시작하는 사람들은 대부분 「DOP」(다이내믹스; 역학)에서 시작하려고 합니다. 그러나 이는 그다지 좋은 생각이 아닙니다.

「DOP」에서 파라미터를 조절해서 불꽃과 연기를 만들 수도 있지만, 그렇게 해서는 모처럼 「Houdini」를 써서 얻는 이점을 살리기 어렵습니다.

「Houdini」를 유용하게 잘 다루기 위해서는 「SOP」의 이해가 필수입니다. 액체와 연기 같은 것을 만들고 싶겠지만, 일단은 참고 차분하게 「SOP」부터 알아봅시다.

우선 단순한 형태의 지오메트리를 만들어서 기본적인 사항을 알아봅시다.

■ 단순한 '지오메트리' 만들기

[1] 단순한 구조의 지오메트리 구체(sphere)를 만듭니다. [Alt] + [N] 키를 눌러서 새로운 장면을 만들고, 네트워크 에디터에서 [Tab] 키를 눌러서 입력 메뉴에서 sphere라고 입력한 후 [Enter] 키를 누릅니다.

sphere 입력

[2] Geometry 노드가 만들어지면 이름을 WORK로 변경합니다.

이름을 WORK로 변경

[3] 만든 WORK 노드를 더블클릭하여 안으로 들어갑니다. sphere1 노드를 선택하고 PrimitiveType 파라미터를 Polygon으로 변경합니다.

파라미터를 Polygon으로 변경

제 2 장 기본 제작 방법

[4] sphere1 노드를 마우스 가운데 버튼으로 클릭하고 있으면 노드의 정보와 지오메트리의 정보가 표시됩니다.

SOP에서 작업할 때 종종 이 기능으로 정보를 확인하면서 작업하는 습관을 가지면 좋습니다.

두 번째에는 지오메트리의 컴포넌트나 어트리뷰트(속성) 정보가 표시되어 있습니다.

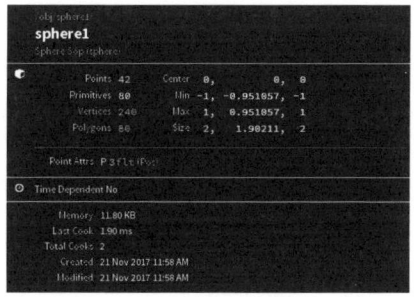

노드 위에서 마우스 가운데 버튼 클릭

여기서 「컴포넌트」와 「어트리뷰트(속성)」에 대해 알아봅시다.

■ 각 구성 요소의 의미

● Primitive (프리미티브)

지오메트리의 구성 요소입니다. Polygon, NURBS, Volume, Metaball 등 다양한 종류가 있습니다. 예를 들어 Polygon(폴리곤) 지오메트리의 경우 하나의 면이 하나의 Primitive로 분류됩니다.

● Point (포인트)

「점」 입니다. 반드시 위치 좌표의 정보를 가지고 있습니다. 그룹이 되면 파티클로 취급되기도 하고, 서로 이웃한 인접한 면끼리는 결합 포인트로 취급되기도 합니다.

● Vertex (버텍스)

Primitive를 구성하기 위한 정점(꼭짓점) 입니다.

위치 정보가 없으며 항상 Point를 참조합니다. 하나의 Point를 여러 Vertex에서 참조하는 것도 가능합니다.

Point와 Vertex의 차이점은 다음 항목을 참조하세요.

- Edge (엣지)

두 개의 꼭짓점을 잇는 「변」입니다.

선택하거나 Group화(Group에 관해서는 p.53 참조)가 가능하지만, 항상 두 개의 Point 정보를 참조하여 존재하기 때문에 Edge 자체 정보를 갖고 있지 않습니다.

- Detail (디테일)

지오메트리 입니다. 하나의 지오메트리 전체가 하나의 Detail이 됩니다.

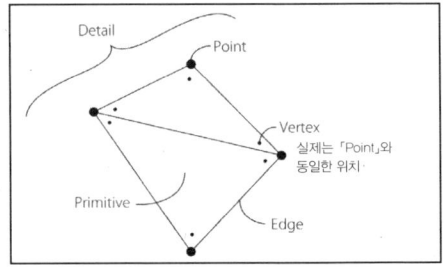

컴포넌트의 설명도
실제 Vertex와 Point가 동일한 위치에 있지만, 이해를 돕기 위해 조금 어긋난 위치에 그려 넣었습니다.

각 컴포넌트의 뚜렷한 차이는 다음 항에서 시각적으로 확인할 수 있기 때문에, 아직 조금 오묘한 느낌으로 이해했더라도 큰 문제는 없습니다.

■ 「어트리뷰트(속성)」의 뜻

어트리뷰트란 Point, Vertex, Primitive, Detail의 각 컴포넌트가 가진 정보를 말합니다.

위치 좌표(Position Coordinates), 노말 벡터(Normal Vector), 디퓨즈 컬러(Diffuse Color) 등 기본 정보를 비롯한 다양한 종류의 정보가 있고, 직접 정의한 이름으로 임의의 값을 저장할 수도 있습니다.

> **힌트**
> - 예를 들어, 사용자가 abcde나 aiueo 같은 이름으로 적당히 정의한 어트리뷰트는 단순하게 값을 저장해두고 그 값을 바탕으로 다른 어트리뷰트의 값을 변경하거나 파라미터의 값을 변경하는 데 사용됩니다.
> - 한편, 「P」나 「Cd」 같은 몇몇 어트리뷰트는 원래부터 미리 정해진 의미를 가지고 있습니다. 각각 위치 좌표(Position Coordinates)와 디퓨즈 컬러(Diffuse Color)로 자동 인식되기 때문에 어트리뷰트의 값을 바꾸는 것만으로도 지오메트리의 외형이 변경됩니다.
>
> 이처럼 원래부터 의미를 지닌 어트리뷰트 이름들은 다양합니다.
>
> 이 책의 내용을 모두 숙지한 후 「Attribute Expression」 SOP이나 「Primitive」 SOP의 파라미터를 참고해보시기 바랍니다.

[1] 펜(창 : pane)의 탭을 지오메트리 스프레드 시트로 바꾸어 살펴보겠습니다.

이것은 「SOP」의 어트리뷰트 값을 스프레드 시트 화면처럼 실제 값을 확인할 수 있는 기능입니다. 때에 따라서는 씬 뷰 만큼이나 자주 보게 될 정도로 사용 빈도가 높습니다.

(※ 역자주 : 대표적인 스프레드 시트 소프트웨어로는 오피스의 엑셀(Excel)을 꼽을 수 있습니다)

 P[x], P[y], P[z]라고 쓰여 있는 것은 위치 좌표를 나타내는 것입니다. Vector 형의 Point 어트리뷰트를 가지고 있으며 P 어트리뷰트의 각 성분을 나타냅니다.

	P[x]	P[y]	P[z]
0	0.0	0.0	-1.0
1	0.0	0.525731	-0.850651
2	0.5	0.16246	-0.850651
3	0.0	0.894427	-0.447213
4	0.5	0.688191	-0.525731
5	0.850651	0.276394	-0.447213
6	0.309017	-0.425325	-0.850651
7	0.809017	-0.262865	-0.525731
8	0.525731	-0.723607	-0.447213
9	-0.309017	-0.425325	-0.850651

옆의 그림에 나열된 4개의 아이콘으로 표시하는 컴포넌트를 전환할 수 있습니다.

시험 삼아 Vertex로 전환해 보면, Vertex에 참조되어 있는 Point 번호를 확인할 수 있습니다.

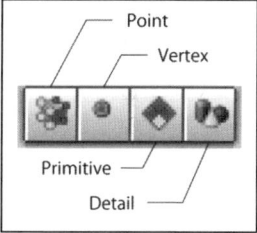

[2] sphere1 노드에서 radius나 center 파라미터의 값을 변경해 보겠습니다.

파라미터의 값에 따라서 P의 값도 변화되는 것을 알 수 있습니다.

	P[x]	P[y]	P[z]
0	0.0	0.0	-1.0
1	0.0	0.525731	-0.850651
2	0.5	0.16246	-0.850651
3	0.0	0.894427	-0.447213
4	0.5	0.688191	-0.525731
5	0.850651	0.276394	-0.447213

Radius	1	1	1
Center	0	0	0

	P[x]	P[y]	P[z]
0	1.0	0.0	-1.0
1	1.0	0.525731	-0.850651
2	1.5	0.16246	-0.850651
3	1.0	0.894427	-0.447213
4	1.5	0.688191	-0.525731
5	1.85065	0.276394	-0.447213

Radius	1	1	1
Center	1	0	0

SOP에 의한 지오메트리의 이동이나 변형은 결국 Point의 위치 좌표 값을 바꾸는 것과도 같습니다.

가령, Transform이라는 SOP에서는 기본적으로 이동과 회전이 되지만, 알고 보면 단순히 행렬(Matrix)식 계산에 의한 위치 좌표를 나타내는 P라는 어트리뷰트 값을 변경한 것입니다.

지오메트리의 추가나 삭제 등을 제외하면 SOP 작업의 주된 목적은 어트리뷰트의 편집이며, 노드는 어트리뷰트의 편집을 실현하기 위한 수단입니다.

예를 들어, 모든 Point에 빨간색을 넣고 싶은 경우 「Cd」라는 Point 어트리뷰트가 {1, 0, 0} 값을 가지는 것으로 실현될 수 있습니다.

이것은 「Color SOP」, 「Attribute Expression SOP」, 「Attribute Create SOP」 중에서 어떤 것을 사용해도 동일한 결과를 얻을 수 있습니다.

이처럼, 하나의 결과를 얻기 위해 사용할 수 있는 여러 가지 수단이 있는 것을 알 수 있습니다.

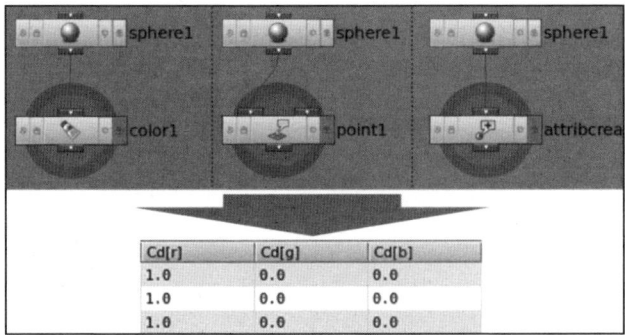

원하는 결과를 얻기 위해서는 어떤 종류의 노드를 사용해도 무방하다

■ 「Color SOP」을 이용하여 「어트리뷰트」의 개념 확인하기

이제 구체적인 결과를 확인하면서 컴포넌트와 어트리뷰트에 관하여 보다 깊게 알아보겠습니다.

[1] 새롭게 「Color SOP」을 만들어서 입력에 sphere1 노드를 연결합니다.

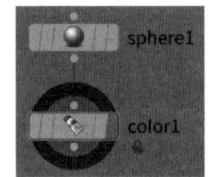

입력에 sphere1 노드를 연결

[2] 만든 color1 노드의 ColorType 파라미터를
Random으로 설정합니다.

Random으로 설정

[3] Class 파라미터의 설정이 Point임을 확인할 수 있습니다.
지오메트리 스프레드 시트를 보면 Point에 Cd 어트리뷰트가 추가되어 있습니다.
씬 뷰를 보면 Point마다 랜덤하게 다른 색이 입혀져 있는 것을 볼 수 있습니다.
하나의 포인트가 5~6개 면을 공유하고 있기 때문에 하나의 색이
5~6개의 모든 면에 영향을 주고 있음을 알 수 있습니다.

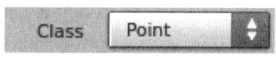
Point인 것을 확인

[4] Class 파라미터를 Vertex로 변환해 봅니다.
지오메트리 스프레드 시트를 보면 Vertex에 Cd 어트리뷰트가 추가되어 있습니다. 씬 뷰를 보면 각
Vertex마다 랜덤하게 다른 색이 입혀져 있는 것을 볼 수 있습니다.
각각 5~6개의 Vertex가 하나의 Point를 참조하고 있기 때문에, 하
나의 포인트가 공유하는 면 마다도 랜덤하게 다른 색이 되어 있는
것을 알 수 있습니다.

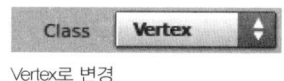
Vertex로 변경

이것으로 Point와 Vertex가 다름을 시각적으로 명확하게 이해할 수 있었습니다.

[5] Class 파라미터를 Primitive로 변경해 봅니다.
지오메트리 스프레드 시트를 살펴보면 Primitive에 Cd 어트리뷰트가 추가되어 있습니다. 씬 뷰를 보
면 각 Primitive마다 랜덤하게 다른 색이 입혀져 있는 것을 볼 수 있습니다.
Polygon에서는 하나의 면이 하나의 Primitive를 나타내므로 각 면
마다 뚜렷하게 색상이 나누어 집니다.

Primitive로 변경

[6] Class 파라미터를 Detail로 변경해 봅니다.
지오메트리 스프레드 시트를 살펴보면 Detail에 Cd 어트리뷰트가 추가되어 있습니다. 씬 뷰를 보면,
어떤 랜덤한 색이 지오메트리 전체에 적용되어 있는 것을 볼 수 있습니다.
Detail은 지오메트리 전체이므로 전체가 하나의 색이 됩니다.

Detail로 변경

대략 컴포넌트나 어트리뷰트가 무엇인지 이해할 수 있었을까요?
지금은 막연히 대략적으로만 이해되더라도 책을 읽는 동안 자연스럽게 이해될 것입니다. 여기에서 너무 고민하지 말고 일단 진행해 봅시다.

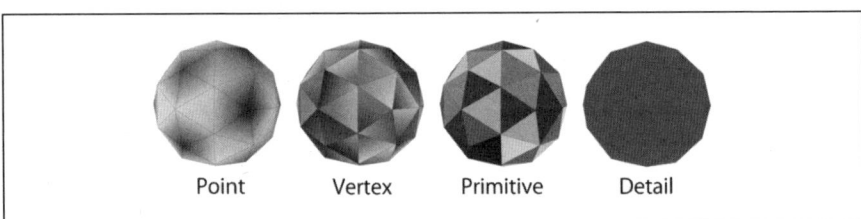

[7] 확인을 했다면, color1 노드를 선택하고 Delete 키를 눌러서 노드를 삭제합니다.

[8] sphere1 노드의 Primitive Type 파라미터를 NURBS로 변경합니다.

NURBS로 변경

2.2 간단한 지오메트리의 편집

「Houdini」에서는 자유롭게 Point, Edge의 추가, 삭제, 이동 등이 가능하기 때문에 기본적으로 어떠한 형태든 모델링을 할 수 있습니다.

이 책에서는 디테일한 모델링에 관해서는 생략하고 있습니다. 이번에는 심플하게 생긴 「남녀 화장실 마크」 입체물을 만들고 랜덤으로 배열하는 예제를 만들어 보겠습니다.

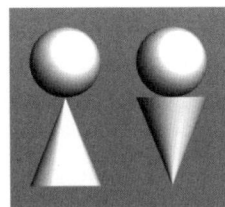

■ 「원뿔」(Cone) 만들기

[1] 새로 「Tube」 SOP을 만듭니다.

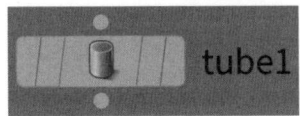

Tube SOP 만들기

[2] 파라미터의 PrimitiveType을 NURBS로, EndCaps를 On으로, Radius를 {1,0}으로, Height를 2로 설정합니다.

상하가 반대 방향의 원뿔이 만들어졌습니다.

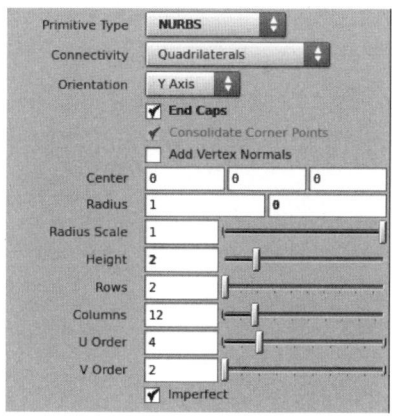

파라미터를 설정

[3] 새로 「Transform」 SOP을 만들고 입력에 tube1 노드를 연결합니다.

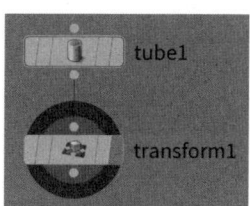

입력에 tube1 노드를 연결

[4] 만든 transform11 노드의 TranslateY 파라미터(Translate 중앙의 파라미터)를 적당한 값으로 변경해 봅니다.

앞서 설명한 「밸류 레더」(p.33)를 사용하면 편리합니다.

| Translate | 0 | 0.142857 | 0 |

값을 변경

원뿔이 상하 방향으로 이동합니다.

이와 같이 파라미터는 「X, Y, Z」의 순서대로 나란히 있기 때문에 중앙의 파라미터를 변경함으로써 Y 값만 변경됩니다.

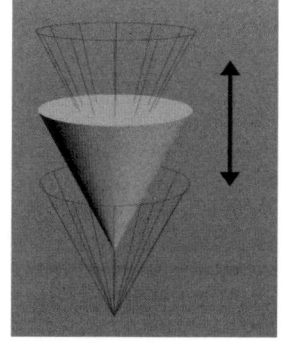

원뿔이 상하로 이동

■ Expression의 적용

파라미터에 Expression을 적용할 수 있습니다.
Expression이란, 값 자체가 아닌 계산식을 파라미터에 입력하고, 그 계산의 결과를 적용시키는 것입니다.

먼저 기본적인 계산은 사칙 연산으로 할 수 있습니다.
사칙 연산의 기호에 관해서는 다음의 표를 참고하세요.

덧셈	+
뺄셈	–
곱셈	*
나눗셈	/
나머지	%

[1] transform1 노드의 TranslateY 파라미터에 1+2로 입력합니다.
Expression이 적용된 파라미터 필드는 녹색으로 표시됩니다.

[2] 파라미터의 라벨(표시 이름)를 클릭합니다.
계산 결과를 표시하고 확인할 수 있습니다. 3의 값이 적용된 것을 알 수 있습니다.

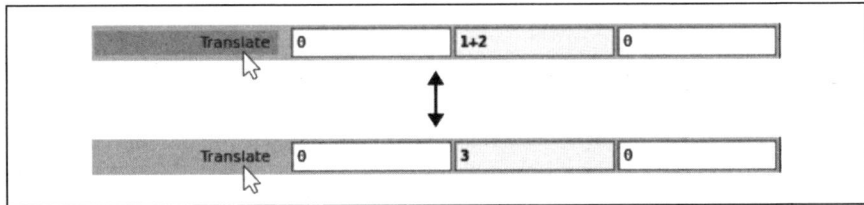

계산 결과를 표시

[3] (Ctrl) 키를 누르면서 파라미터를 클릭합니다.
Expression이 제거됩니다.

■ 변수의 사용

Expression에는 변수를 포함하는 것이 가능합니다.
[1] TranslateY 파라미터에 「$T」라고 입력합니다. 방금 전처럼 파라미터가 녹색으로 바뀌었습니다.

「$T」라고 입력

[2] ↑ 키를 눌러서 플레이 바를 재생시켜 봅니다.
원뿔이 위로 이동합니다. 「$T」 변수에는 항상 현재 시각을 나타내는 값이 들어 있기 때문에 시간이 경과됨에 따라 값이 점점 커지는 것을 알 수 있습니다.

[3] 결과가 확인되었다면 Ctrl+↑ 키를 눌러 현재 프레임을 1로 되돌립니다.

현재 프레임을 1로 다시 되돌린다.

또 SOP 네트워크 내에서만 사용할 수 있는 로컬 변수라는 것도 있습니다.
예를 들어, 「$YMIN」 변수는 바운딩 박스 Y좌표의 최소값을 나타냅니다. 이 외에도 다른 대표적인 변수에 관해서는 이 책의 마지막 부분의 페이지(p.210)를 참조하세요.

■ 오브젝트 간의 접촉

[1] transform1 노드의 TranslateY 파라미터에 「-$YMIN」이라고 입력합니다. 이 값으로 인해 지오메트리는 항상 그리드 위에 닿아 있게 됩니다.

[2] 디스플레이 플래그를 transform1 노드로 설정한 채 tube1 노드의 Height 파라미터 값을 변경해 봅니다.
어떤 값을 설정해도 항상 그리드에 닿아 있는 것으로 나타납니다.

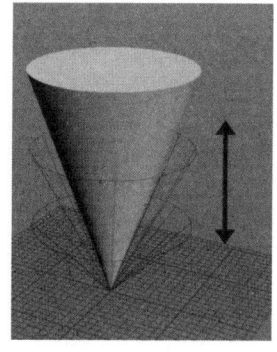

항상 그리드 위에 닿아 있는 상태

힌트

- 기본적으로 선택하고 있는 노드가 씬 뷰에 템플릿 표시되도록 되어 있습니다.
  디스플레이 플래그가 On이 되어 있는 노드만을 포함시킬 경우, 네트워크 데이터의 아무것도 없는 부분을 클릭하는 등의 방법으로 노드의 선택을 해제하세요.

[3] transform1 노드를 선택합니다.
Ctrl+C 키로 복사하고, Ctrl+V 키로 붙여넣기를 합니다. 파라미터의 값이 설정된 채로 복사됩니다.

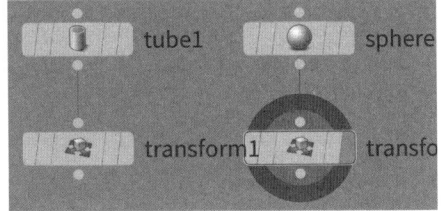

[4] 만들어진 transform2 노드의 입력에 sphere1 노드를 연결합니다.
마찬가지로 구체도 항상 그리드 위에 닿아 있는 것을 알 수 있습니다.

[5] 새롭게 「Merge」 SOP을 만들고 입력에 transform1 노드와 transform2 노드를 연결합니다.
이처럼 일부 노드는 입력에 여러 개의 노드를 동시에 연결할 수 있습니다.
「Merge」 SOP에서는 입력된 지오메트리가 합쳐져서 하나의 지오메트리로 병합됩니다.

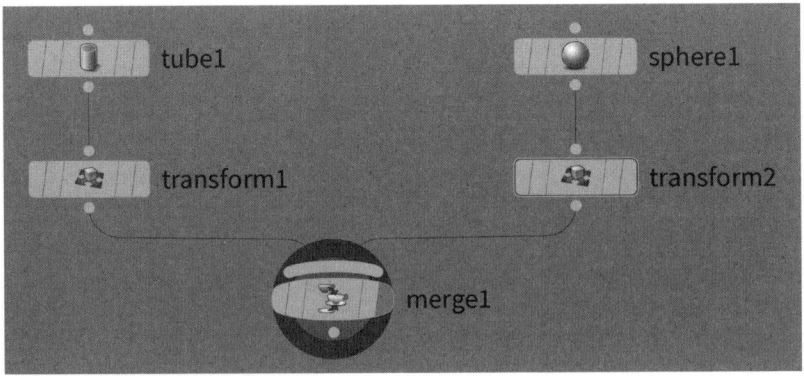

입력에 transform1 노드와 transform2 노드를 연결

[6] 이어서 새로운 「Transform」 SOP을 만들고 transform2 노드 아래에 삽입합니다.
이처럼 이미 연결되어 있는 노드 사이에 삽입하는 경우, 와이어 위에 노드를 드래그 & 드롭하는 것 만으로도 연결됩니다.

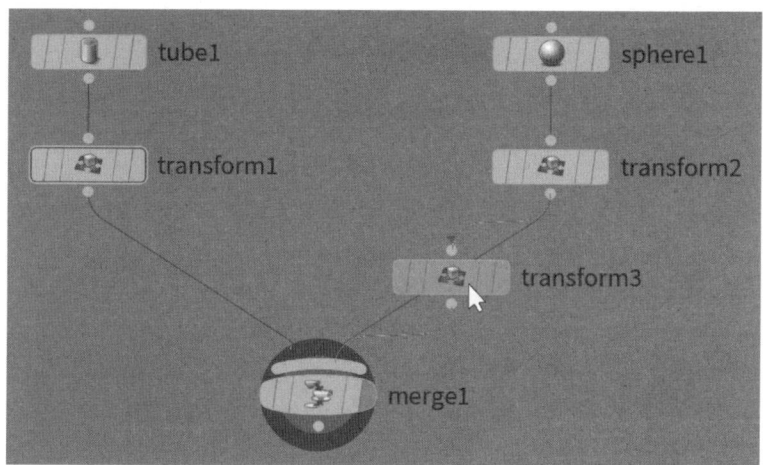

「Transform」의 SOP을 만들어서 transform2 노드 아래에 삽입

[7] 만든 transform3 노드의 translateY 파라미터에 tube1 노드의 Height 파라미터 와 같은 값을 입력합니다.

구체가 원뿔 위에 닿도록 이동했습니다. 그러나 이대로는 원뿔의 높이가 바뀔 때 마다 구체의 이동량을 계속 다시 설정해야 할 수밖에 없습니다.

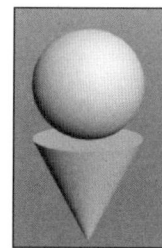

구체가 원뿔에 접해 있다.

그럼, 파라미터에서 항상 값을 가져오도록 설정하겠습니다.

■ 「Expression 함수」의 이용

Expression에서는 Expression 함수를 사용할 수 있습니다.

Expression 함수는 다양하지만, 여기서는 ch 함수를 사용할 것입니다. 이 함수는 항상 다른 파라미 터(채널)에서 값을 취해 가져 오는 것으로 사용 빈도가 매우 높은 함수 중 하나입니다.

[1] tube1 노드의 Height 파라미터 위에서 오른 클릭하고 Copy Parameter를 선택합니다. 구체가 원뿔 위에 닿도록 이동했습니다.

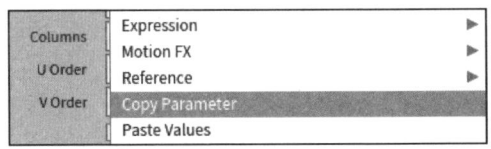

Copy Parameter를 선택

[2] transform3 노드의 TranslateY의 파라미터 위에서 오른 클릭하여 Paste Other의 Paste Absolute References를 선택합니다. 파라미터에 ch("/obj/WORK/tube1/height")라는 Expression이 자동으로 입력됩니다.

ch("/obj/WORK/tube1/height")가 자동으로 입력

[/obj/WORK/tube1/height]라는 문자열은 이 파라미터의 경로를 나타냅니다.

경로(Path)는 바꿔 말하면 주소 같은 것으로, 노드 및 파라미터의 이름과 계층을 명확하게 가리키는 것입니다. 「/」(슬래시) 기호로 노드 이름을 구분하여 계층을 나타내고 있습니다.

이처럼 위치 경로 표기를 전혀 생략하지 않고 최상류부터 시작하여 순서대로 빠짐없이 모두 표기된 것을 「절대 경로」라고 합니다. 읽어 들이는 (Reference) 노드의 현재 위치와 계층에 상관없이, 「절대 경로」는 늘 똑같이 작동합니다.

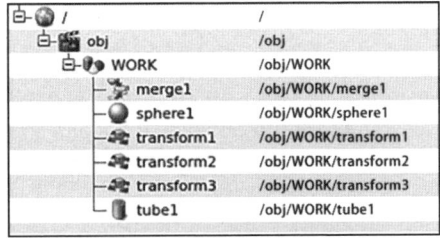

Tree View 라는 펜(Pane)을 보면 노드의 계층 구조를 시각화해서 볼 수 있습니다. 오른쪽에 나타낸 것은 각 노드의 절대 경로입니다.

그러나 예를 들어 아파트의 어떤 방에서 같은 아파트의 다른 방을 가리킬 때 일부러 「도쿄도 시부야구의 한...」이라고 모든 주소를 말하지 않아도 「(현재 위치와) 같은 아파트의 00호실」이라고만 해도 전달할 수 있는 것과 같이 한층 간결한 묘사 방법이 있습니다.

[1] transform3 노드의 TranslateY 파라미터 위에서 마우스 오른 버튼을 클릭하고, 이번에는 Paste Relative References를 선택합니다.
파라미터에는 ch("../tube1/height")라고 표시되었습니다.

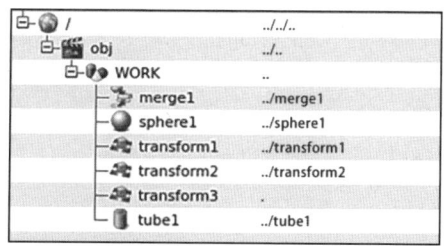

「ch("../tube1/height")」라고 표시되어 있다.

이것은 앞에서 언급한 절대 경로와 대비되는 상대 경로입니다.

많은 경우, 경로를 더 간결하게 쓸 수 있으며, 상류 계층의 노드에 변경이 있을 때도 일일이 다시 수정할 필요가 없다는 이점이 있습니다.

「상대 경로」에서는 기점이 되는 노드를 「.」, 상류 노드를 「..」으로 표시합니다. (그리고 보다 상류 노드는 「...」이 아니고 「../..」처럼 씁니다).

그래서 이 경우 「..」는 기점의 상류 노드인 「/obj/WORK」를 나타내기 때문에, 위의 절대 경로와 마찬가지 결과가 됩니다.

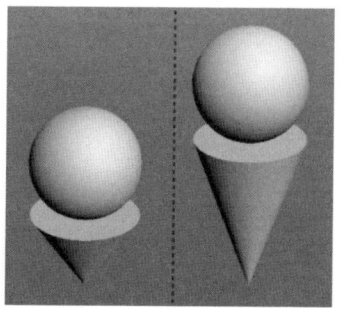

"transform3 노드를 기점으로 삼은 경우" 각 노드의 상대 경로.
어느 노드를 기점으로 하느냐에 따라 경로의 내용은 달라진다.

또, 함수의 괄호 안에 입력하는 값을 「인수」라고 합니다.

[2] tube1 노드의 Height 파라미터를 적당한 값으로 변경해 보겠습니다.
ch 함수에 따라 구체에 반영되는 그리드에서의 이동량이 tube1 노드의 Height 파라미터를 반영(Reference) 했기 때문에 Height 파라미터가 어떤 값이어도 항상 이 원뿔과 접해 있게 되었습니다.

[3] 새로운 「Color」 SOP을 만들고 입력에 merge1 노드를 연결하여 Color 파라미터를 파란색으로 설정합니다.
왼쪽의 사각형 버튼을 누르면 Color Editor 윈도우에서 자유롭게 색을 결정할 수 있습니다.

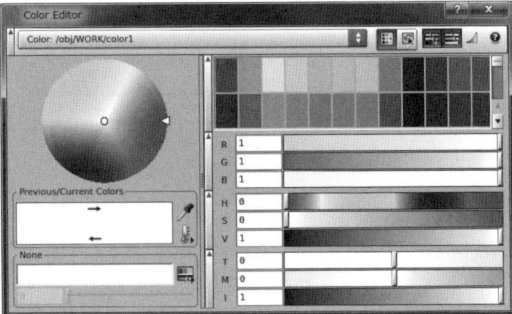

Color Editor

■ 지오메트리의 복제

[1] 새로운 「Copy Stamp」 SOP을 만들고 제1 입력(왼쪽 입력)에 color1 노드를 연결합니다.

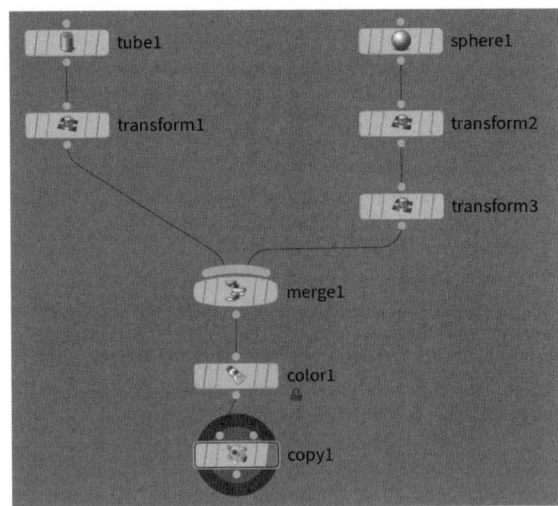

color1 노드를 연결

[2] 만든 copy1 노드의 Number of Copies 파라미터를 10으로 TranslateX 파라미터를 3으로 설정합니다.

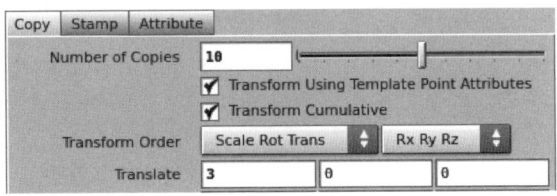

파라미터를 설정

지오메트리가 10개로 복제되었습니다.

이처럼 「Copy Stamp」 SOP을 사용하면, 지오메트리를 여러 개 복제할 수 있습니다.

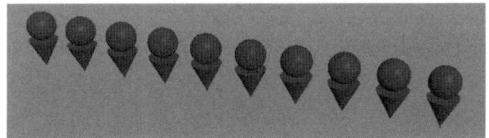

복제된 지오메트리

[3] 결과를 확인했다면 변경되었던 Number of Copies, TranslateX 양쪽의 파라미터의 수치를 원래대로 되돌립니다. 기본값으로 되돌릴 때는 Ctrl 키를 누르면서 파라미터를 클릭하면 편리합니다.

「Copy Stamp」 SOP의 또 다른 사용 방법은 다른 지오메트리의 Point 위에 복제하는 것입니다.

[4] 새로운 「Grid」 SOP을 만들어서 파라미터의 PrimitiveType을 Points, Size를 {50,50}으로 설정하면 열과 행으로 정렬된 100개의 Point가 만들어집니다.

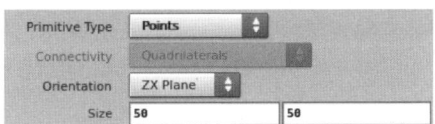

파라미터를 설정

[5] 만든 grid1 노드를 copy1 노드의 제2 입력에 연결합니다.
연결을 나타내는 선이 점선으로 표시되었습니다. 이것은 지오메트리 자체가 아니라 특정 정보만 주고받게 되는 것을 나타냅니다.
copy1 노드의 디스플레이 플래그를 On 시키면, grid1 노드에서 만들었던 모든 Point의 위치에 복제되는 것을 알 수 있습니다.

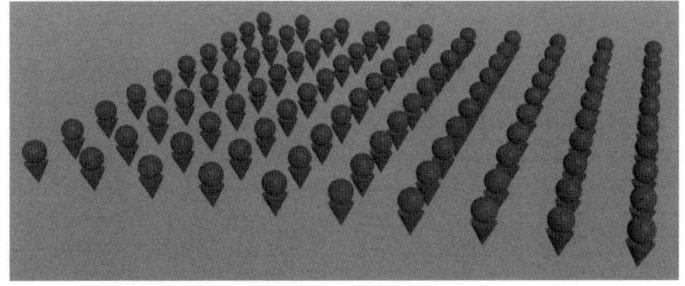

모든 Point의 위치에 복제되어 있다.

힌트

- 노드의 둥근 입력 부분에 마우스 포인터를 가져가면 그 입력의 용도가 표시됩니다. 예를 들어, 「Copy Stamp」 SOP은 제1 입력이 Primitives to Copy(복제하는 Primitive), 제2 입력이 Template To Copy To(대상 템플릿)으로 표시되기 때문에 제1 입력에 복제하는 오브젝트, 제2 입력에 (붙여지는) 대상을 나타내는 오브젝트가 필요한 것을 알 수 있습니다.

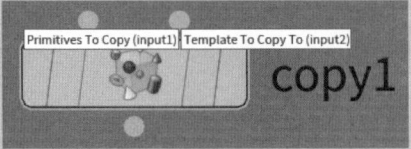

[6] grid1 노드의 Rows나 Columns 파라미터를 적당한 값으로 변경해보겠습니다. 이에 따라 복제되는 인간형 오브젝트의 위치와 개수가 바뀌는 것을 알 수 있습니다.

*

지금까진 행과 열에 맞춰 정렬하고 있는 상태였지만, 이제 랜덤으로 배치해봅시다.

[7] grid1 노드의 Primitive Type 파라미터를 Polygon으로 되돌립니다.

[8] 새로운 「Scatter」 SOP을 만들어 Force Total Count 파라미터를 100으로 설정하고 나서 grid1 노드 아래에 삽입합니다.

scatter1 노드의 디스플레이 플래그를 On 시키고 확인해보면 평면 위의 랜덤한 위치에 100개의 Point가 만들어져 있는 것을 알 수 있습니다.

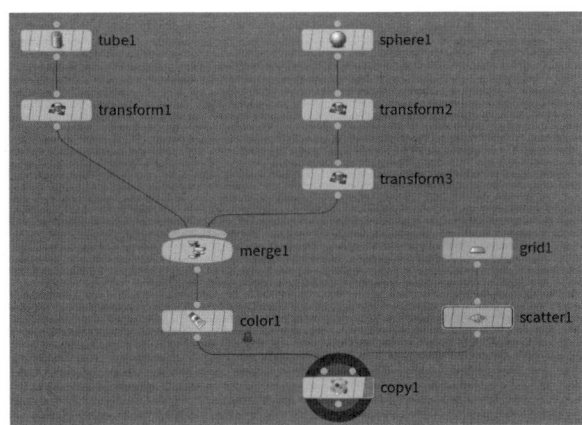

grid1 노드 아래에 삽입

디스플레이 플래그를 copy1 노드로 다시 돌려놓고 확인해보면 그에 따라 인간형 오브젝트가 랜덤한 위치에 배치되어 있는 것을 알 수 있습니다.

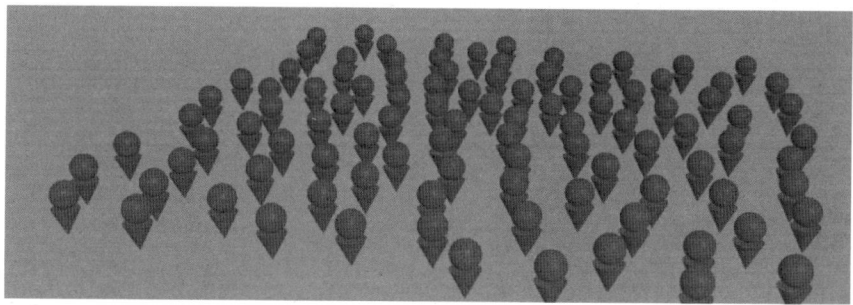

랜덤한 위치에 배치되어 있다.

■ 「Group」의 이용

그럼 다음으로 Group을 이용하며 일부 Point만 편집해 봅시다.

Group이란, 몇 가지의 컴포넌트를 한 곳에 모아서 이름을 붙이고, 하나의 집합체로 다루기 위한 것을 말합니다. 전체가 아닌 일부 컴포넌트만 편집할 때 편리합니다. Point, Primitive, Edge 같은 각 요소들에서 사용할 수 있습니다.

[1] 새로 「Group Expression」 SOP을 만듭니다. 제1 입력에 scatter1 노드를 연결하여 출력을 copy1 노드의 제2 입력에 연결합니다.

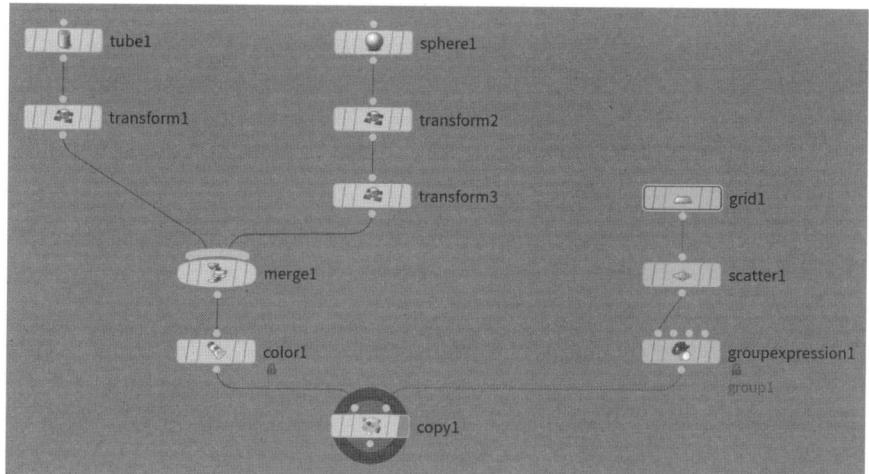

제1 입력에 scatter1 노드를 연결시키고, 출력은 copy1 노드의 제2 입력에 연결

[2] 만든 groupexpression1 노드의 Group 파라미터에 moveGrp라고 입력하고 [Enter] 키를 누릅니다. 여기에는 새로 만들 Group의 이름을 지정하기 위한, 임의의 문자열을 입력할 수 있습니다.

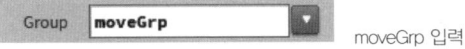

moveGrp 입력

(※역자주 : 대소문자 구분 입력에 특히 주의하세요.)

[3] 이어서 Group Type 파라미터를 Points로 설정합니다. Group 종류가 Point가 되었습니다.

Points로 설정

[4] 계속 이어서 VEXpression 파라미터를 @P.z > 15와 같이 입력합니다.

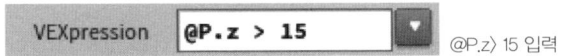

@P.z > 15 입력

P 어트리뷰트의 z 값, 즉 위치의 Z좌표 값이 15보다 큰 Point가 moveGrp라는 이름의 Point Group에 포함됩니다.

이처럼 일부의 파라미터에서는 @ 기호를 이용하여 어트리뷰트 값을 참조하고 이용할 수 있습니다.

[5] groupexpression1 노드의 디스플레이 플래그를 On 시키고, 이 groupexpression1 노드를 선택한 상태에서 씬 뷰를 살펴보겠습니다. Group에 포함된 Point만 노란색으로 표시됩니다.

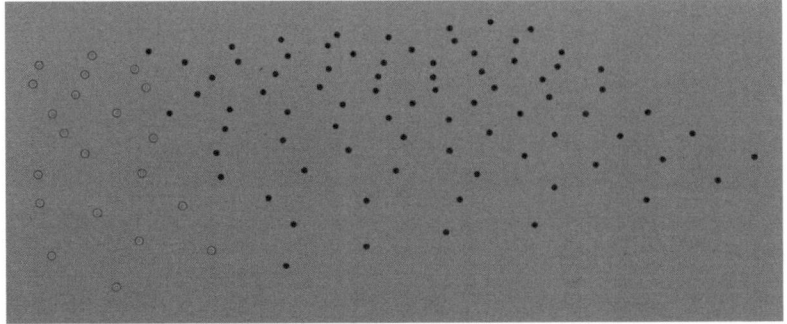

Point만 노란색으로 표시된다.

제 2 장　기본 제작 방법

[6] groupexpression1 노드를 중간 클릭한 채로 누르고 있으면 팝업이 나타납니다.

팝업의 2단 하단 부분에 「moveGrp OO(moveGrp 안에 OO개의 Point가 있다)」라고 표시되어, Group 이 만들어진 것을 확인할 수 있습니다.

이러한 확인을 위해서 반드시 Group 노드 위에 있을 필요는 없고, Group이 정의되어 있으면 어디서나 확인이 가능합니다.

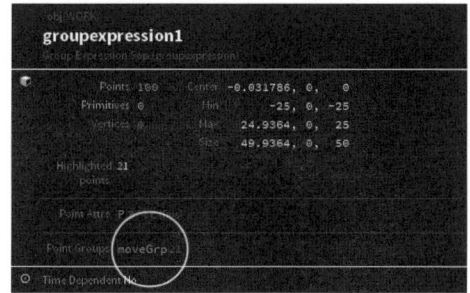

Group을 확인

확인을 했다면 디스플레이 플래그를 copy1 노드로 되돌립니다.

[7] 새로 「Transform」 SOP을 만들어 groupexpression1 노드 아래에 삽입하고, TranslateZ 파라미터를 10으로 설정합니다.

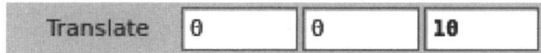

전체가 Z축에 따라 이동했습니다.

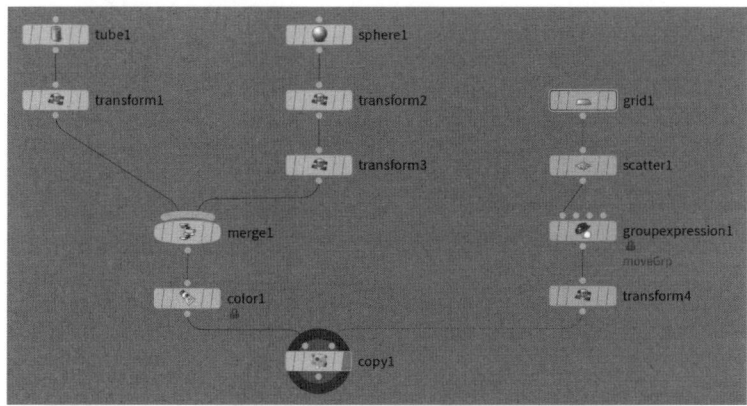

「Transform」 SOP을 삽입

[8] 만든 transform4 노드의 Group 파라미터에 moveGrp으로 입력합니다.

Group: **moveGrp**   moveGrp 입력

힌트

- 오른쪽의 ▽ 버튼을 눌러서 직접 문자열을 입력할 필요 없이, 이미 정의되어 있는 Group 중에서 선택할 수 있습니다.

정의된 Group 중에서 선택

moveGrp라는 Group에 포함된 Point만 이동했습니다.

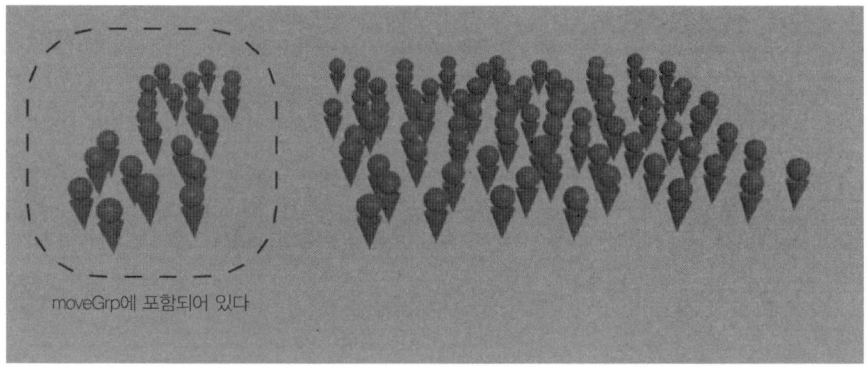

moveGrp에 포함되어 있다

Group에 포함된 Point만 이동

■ 랜덤 값의 이용

다음에는 각각의 키높이에 차이를 내봅시다.

[1] 새로운 「Attribute Create」 SOP을 만들어 transform4 노드 아래에 삽입합니다.

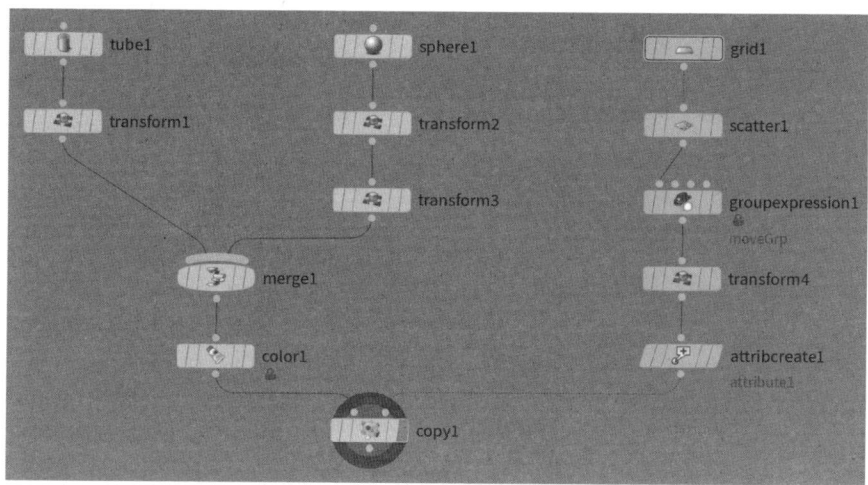

transform4 노드 아래에 삽입

[2] attribcreate1 노드의 Name 파라미터에 height라고 입력하고 Value 파라미터를 2로 설정해보겠습니다.
지오메트리 스프레드 시트를 보면, height라는 어트리뷰트가 만들어지고, 모든 Point의 값이 2.0으로 되어있는 것을 알 수 있습니다.

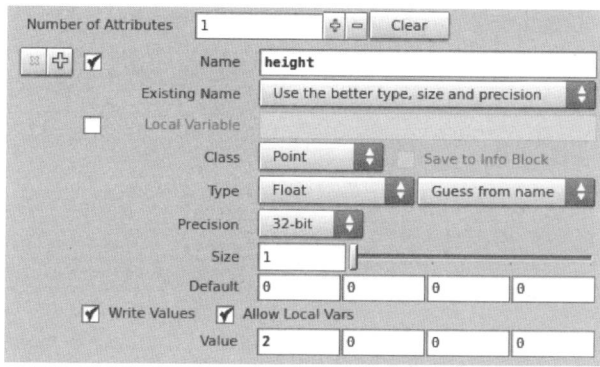

파라미터를 설정

57

[3] 마찬가지로 Value 파라미터의 값을 @ptnum으로 설정해보겠습니다.
이처럼 Point 번호의 값을 얻고자 할 때는, 어트리뷰트 이름 대신 ptnum이라는 문자열을 사용합니다.

지오메트리 스프레드 시트를 확인해보면 각 Point의 값이 자신의 Point 번호와 동일하게 되어 있음을 알 수 있습니다.

Node attribcreate1	Group:		View	Intrinsics
P[x]	P[y]	P[z]	height	group:moveGr
0	15.1985	0.0	12.8455	0.0	0
1	19.9375	0.0	8.65583	1.0	0
2	-1.86636	0.0	-17.5362	2.0	0
3	18.6482	0.0	8.82202	3.0	0
4	(Point 번호)	0.0	-10.2739	4.0	0
5	-13.2682	0.0	-19.0313	5.0	0
6	24.4369	0.0	2.38311	6.0	0
7	0.89053	0.0	1.26148	7.0	0
8	-6.19566	0.0	9.32275	8.0	0

[4] 마찬가지로, Value 파라미터의 값을 rand(0)로 설정해 보겠습니다.
rand 함수는 0.0 ~ 1.0 사이의 랜덤 값을 반환(Return)하는 함수입니다. 인수의 값이 달라지면 그에 따라 반환되는 값도 달라집니다.

시험 삼아 몇 차례 인수를 적당한 수치로 바꾸면서 지오메트리 스프레드 시트를 확인해봅시다.
인수의 값이 0일 때, 1일 때, 2일 때를 예로 상정해보면 각각 달라지는 결과를 얻을 수 있습니다.

Value rand(0)

rand(0)으로 설정

[5] 마찬가지로 Value 파라미터의 값을 「rand(@ptnum)」으로 설정해봅니다.
각 Point마다 각기 다른 「0.0 ~ 1.0」의 랜덤 값이 들어갑니다.

Value rand(@ptnum)

rand(@ptnum)으로 설정

[6] 마찬가지로 Value 파라미터의 값을 「rand(@ptnum)+2」로 설정합니다.
이제 모든 Point가 각각 다른 「2.0 ~ 3.0」의 랜덤 값을 가지게 되었습니다.
각 Point마다 각기 다른 「0.0 ~ 1.0」의 랜덤 값이 들어갑니다.

Value rand(@ptnum)+2

「rand(@ptnum)+2」로 설정

현재는 height라고 스스로 정의한 이름의 어트리뷰트에 값을 넣었을 뿐, 실제 지오메트리의 겉모습에는 아직 아무런 변화도 일어나고 있지 않습니다.

이제부터는 이 값을 이용하여 지오메트리 편집을 해보겠습니다.

height
2.6416
2.80046
2.5109
2.77547
2.87951
2.20504

■ 「Copy Stamp」를 이용한 다양화

기본적으로 「Copy Stamp」 SOP은 똑같은 것을 복제하는 것이지만, Stamp 기능을 이용하면 각각의 복제물에 대해 다른 처리를 하고 다양화 할 수 있습니다.

[1] copy1 노드를 선택하고 Stamp 탭 Stamp Inputs 파라미터를 On으로 설정합니다.

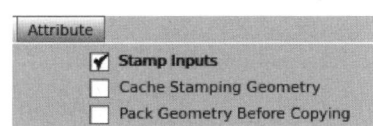

Stamp Inputs 파라미터를 On으로 설정

[2] Attribute Stamps 파라미터에 height라고 입력합니다.
이렇게 하면 두 번째 입력의 height 어트리뷰트를 Stamp로 가져올 수 있습니다.

height라고 입력

[3] tube1 노드의 Height 파라미터에 stamp("../copy1", height, 2)를 입력합니다.
stamp 함수는 「Copy Stamp」 SOP, 「ForEach」 SOP, 「Stamp」에서 값을 얻어오는 함수입니다.
제1인수에는 Stamp에 사용하는 노드의 경로, 제2인수에는 Stamp 변수, 제3인수에는 성공적으로 값을 얻지 못한 경우의 기본(Default)값을 지정합니다.

Height	stamp("../copy1", height, 2)

stamp("../copy1", height, 2) 입력

씬 뷰를 보면 인간형 오브젝트의 키높이가 각각 다르게 되었음을 알 수 있습니다.

씬 뷰에서 [Space bar] + [3] 키를 눌러, 프론트 뷰로 보면 확인하기 쉽습니다.

확인이 되면 [Space bar] + [1] 키를 눌러, 퍼스펙티브 뷰로 되돌립니다.

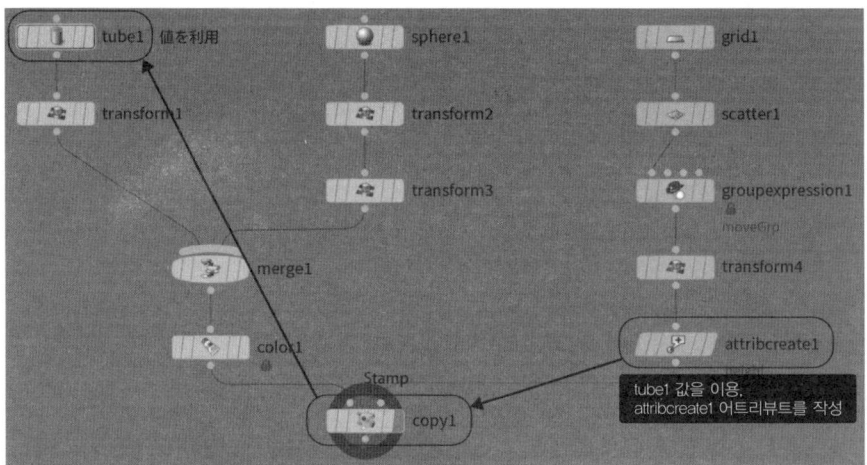

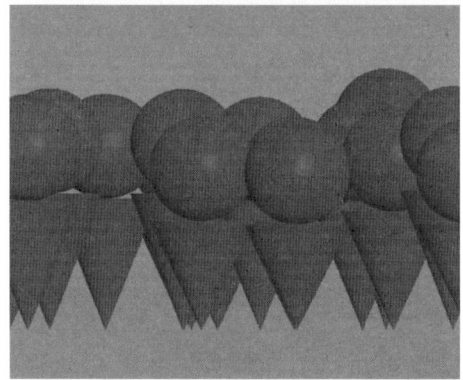

씬 뷰

■ 「Switch」 SOP을 이용한 입력의 전환

그럼 동일한 기술을 한 번 더 사용해서, 이번에는 남녀가 혼성으로 섞여 있는 것 같은 설정을 만들어 봅시다.

[1] color1 노드를 포함한 그 상류에 있는 7개의 노드를 동시에 여러 개 선택합니다.

네트워크 에디터에서 드래그하면 나오는 점선 직사각형으로 노드를 둘러싸면 여러 노드를 일괄 선택할 수 있습니다.

[2] Ctrl+C 키를 눌러 복사하고, Ctrl+V를 눌러서 붙여넣기 합니다.

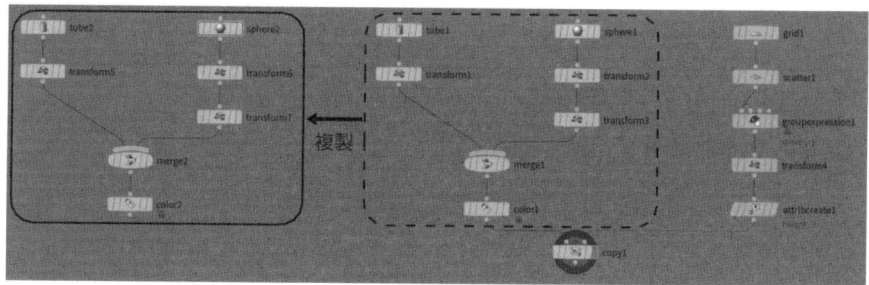

[3] 생성된 tube2 노드의 Radius 파라미터는 {0, 1}로, Height 파라미터는 stamp("../copy1", height, 2) - 0.5라고 입력합니다.

| Height | stamp("../copy1", height, 2) - 0.5 |

[4] color2 노드의 Color 파라미터를 빨간색으로 설정합니다.

[5] 새로 「Switch」 SOP을 만들고 입력에 color1 노드와 color2 노드를 연결하고, copy1 노드의 제1 입력에 출력을 연결합니다.

「Switch」 SOP은 입력된 지오메트리 중 하나를 선택하여 출력하는 것입니다.

시험 삼아 Select Input 파라미터의 값을 변경해보면 0일 때와 1일 때의 결과가 바뀌는 것을 알 수 있습니다.

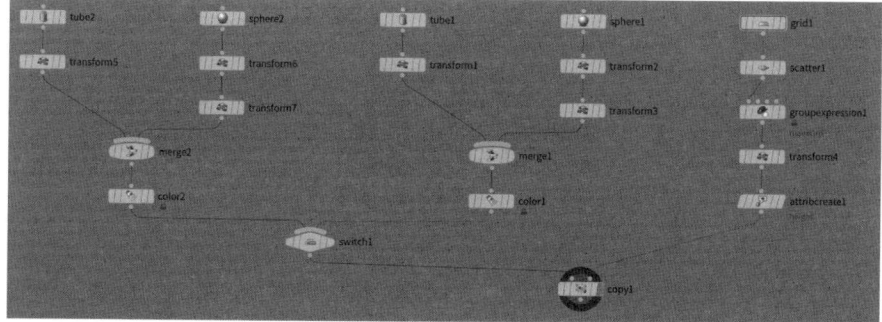

노드를 연결

[6] attribcreate1 노드의 Number of Attributes 파라미터를 2로 설정합니다. 이 파라미터에 따라 복수의 어트리뷰트를 만들 수 있습니다.
두 번째 어트리뷰트의 설정을 하기 위한 파라미터가 추가됩니다.

[7] 새롭게 나타난 쪽의 Name 파라미터에 gender를 입력하고 Type 파라미터를 Integer로 설정합니다.

다음은 if 함수를 사용합니다.
이것은 조건에 따라 두 값을 바꾸는 것으로, 제1인수에는 「조건식」, 제2인수에는 「조건이 참인 경우의 값」, 제3인수에는 「참이 아닌 경우의 값」을 넣습니다.

조건식을 「만약 Point 번호가 총 Point 수의 절반보다 작다면」으로 해 봅시다.
조건식에는 〈 , 〉 같은 「부등호」와 == 같은 등호를 사용할 수 있습니다(「=」가 아님에 주의하세요).

그리고 전체 Point 개수는 어트리뷰트 이름 대신 numpt라는 문자열을 사용하여 취할 수 있으므로, 앞의 ptnum과 조합하면 조건식은 @ptnum〈 @numpt / 2가 됩니다.
그리고 참인 경우 값을 1, 참이 아닌 경우의 값을 0으로 하고 싶으므로,
입력하는 Expression은 if(@ptnum〈 @numpt / 2, 1, 0)이 됩니다.

> **if(조건식, 참일 때의 값, 거짓일 때의 값)**
>
> 「참」이란 조건식에 부합하는, 「거짓」이란 조건식에 부합하지 않는 것을 나타낸다. 인수를 여러 개 가지는 함수의 경우에는 각각의 인수들을 「,(쉼표)」로 구분할 필요가 있다.

[1] attribcreate1 노드에 새롭게 나타난 쪽의 Value 파라미터에 if(@ptnum< @numpt / 2, 1, 0)를 입력합니다.

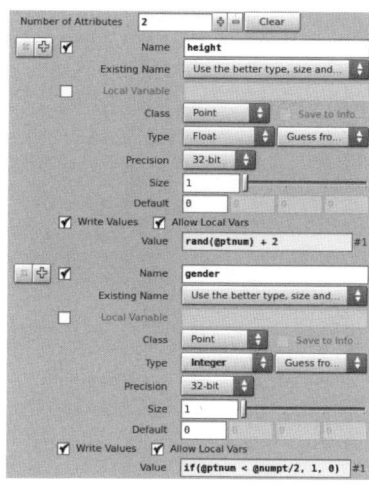

if(@ptnum<@numpt/2, 1, 0) 입력

응용

- 이번처럼 제2 인수가 1이고 제3 인수가 0의 경우에 한해서는 if 함수의 원래 사용 형식을 일부 생략하고, 조건식 @ptnum< @numpt / 2만 입력해도 같은 결과가 됩니다.

지오메트리 스프레드 시트,를 보면 작은 Point 번호의 gender 어트리뷰트에는 1, 그 외 Point에는 0의 값이 들어가 있음을 알 수 있습니다.

	gender
46	1
47	1
48	1
49	1
50	0
51	0
52	0
53	0

지오메트리 스프레드 시트

[2] copy1 노드의 Attribute Stamps 파라미터에는 원래 입력되어 있는 height의 뒤에 공백을 한 칸 띄어 주고, 이어서 gender라고 입력합니다.

| Attribute Stamps | height gender |

gender 입력

[3] switch1 노드의 Select Input에 stamp("../copy1", gender, 0)를 입력합니다.
gender 어트리뷰트의 값을 따라서 전환이 이루어져서, 남녀가 절반씩 혼재하게 되었습니다.

남녀가 반반씩 섞여 있습니다

[4] 새로운 「Merge」 SOP을 만들고 입력에 copy1 노드와 grid1 노드를 연결합니다.

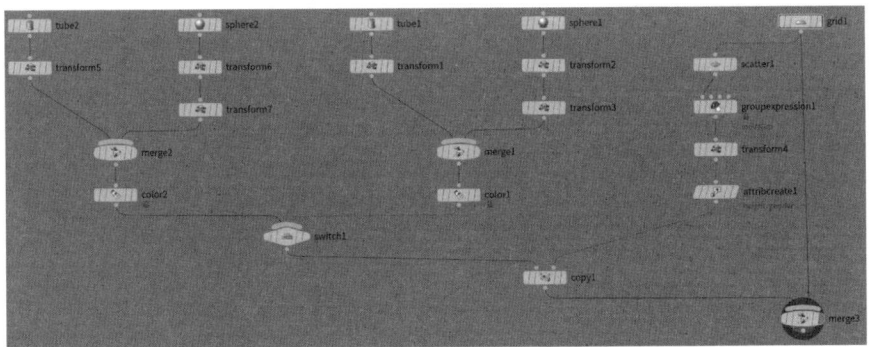

copy1 노드와 grid1 노드를 입력에 연결

힌트

- 「Merge」 SOP을 사용할 때는 입력하는 각 지오메트리가 가지는 「어트리뷰트」의 수와 이름이 일치하지 않으면 경고가 표시됩니다. 특히 노말(Normal) 어트리뷰트 등이 일치하지 않은 채 진행되면 결과에 나쁜 영향을 미칠 수 있습니다. 그래서 처음에는 항상 가진 어트리뷰트를 통일시키는 습관을 가지면 좋을 것입니다. 이번 경우는 grid1 노드의 입력이 Cd 어트리뷰트를 가지고 있지 않기 때문에 grid1 노드와 merge3 노드 사이에 Color 노드를 삽입함으로써 경고를 없앨 수 있습니다.

제 2 장 기본 제작 방법

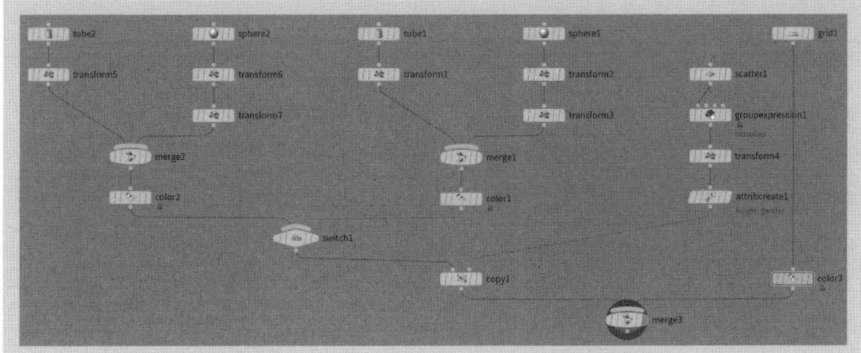

> ### 응용

- 화장실 마크 대신에 인물 모델링 데이터를 씬으로 불러와서(Load) 다시 교체 연결한 후 이것을 랜덤 방향으로 회전시키는 정도만으로도 얼핏 현실감 있어보이는 군중이 만들어집니다.

인물 모델링 데이터를 불러오기

2.3 기본적인 렌더링

카메라와 라이트를 설치하고, 기본적인 렌더링을 해봅시다.

■ 「카메라」의 설정

[1] 네트워크 에디터에서 [U] 키를 눌러, obj로 돌아갑니다.

[2] 씬 뷰 오른쪽 상단에 있는 no cam이라고 쓰여진 버튼을 클릭하면 나타나는 메뉴에서 New Camera를 클릭합니다.

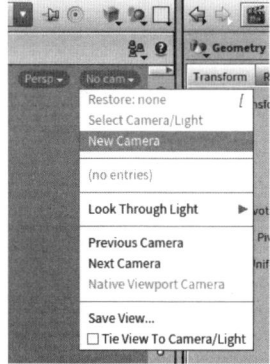

New Camera를 클릭

[3] 씬 뷰 오른쪽 상단의 Lock Camera 버튼을 On 합니다.

현재 시점으로 카메라가 할당되어 직접 파인더를 들여다보는 것처럼 카메라의 위치와 방향을 설정할 수 있습니다.

Lock Camera 버튼을 On

[4] 씬 뷰에서 시점을 움직여 렌더링 하고 싶은 레이아웃이 되도록 위치와 각도를 조정합니다.

[5] 씬 뷰 오른쪽 상단의 Lock Camera 버튼을 Off로 되돌리고, 씬 뷰에서 [Space bar]+[H] 키를 누릅니다. 여기에서 씬을 둘러 보면, 카메라가 설치되어 있는 것을 확인할 수 있습니다.

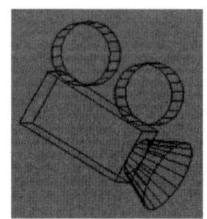

■ 라이트(빛)의 설정

[1] 새로운 Light 노드를 만들고 Light 탭의 Type 파라미터를 Grid로, Exposure 파라미터를 10으로 설정합니다.

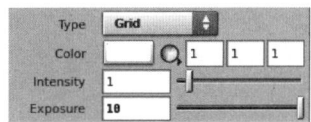

[2] 씬 뷰 오른쪽 상단 no cam이라고 쓰여진 버튼에 마우스 오른 클릭하고 hlight1을 클릭합니다.

[3] 씬 뷰 오른쪽 상단의 Lock Camera 버튼을 On 시킵니다.

[4] 이전의 카메라에서와 같이 씬 뷰에서 시점을 움직여 원하는 라이트의 위치와 각도가 되도록 조정합니다.

[5] 씬 뷰 오른쪽 상단의 Lock Camera 버튼을 Off로 되돌리고, 씬 뷰에서 `Space bar`+`H` 키를 누릅니다.

씬을 둘러보면 라이트가 설치되어 있는 것을 확인할 수 있습니다.

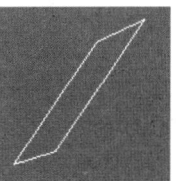

[6] hlight1 노드의 Light 탭, Area Light Options 탭, Area Size 파라미터를 {50, 20}으로 설정합니다. 광원이 되는 면의 크기가 바뀌었습니다.

힌트

- 이번 예에서 사용하고 있는 Area Light 외에도 다양한 종류의 라이트가 있습니다. [1]에서 했던 Light 탭의 Type 파라미터 값을 변경하면서 다른 라이트도 시험해 봅시다.

■「렌더러」의 설정

[1]「네트워크 에디터」상단에 obj라고 적힌 부분을 클릭하여 나타난 메뉴에서 out을 클릭하여 /out으로 이동합니다.

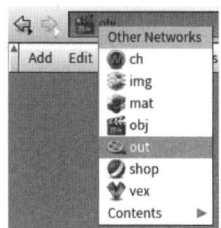

「/out」으로 이동

[2] 네트워크 에디터의 오른쪽 상단 부분에 Outputs라고 표시되어 있기 때문에, ROP 네트워크에 있음을 알 수 있습니다.

또한, Tab 키를 눌러 보면 노드의 메뉴도 ROP에 맞추어 바뀌어 있음을 알 수 있습니다.

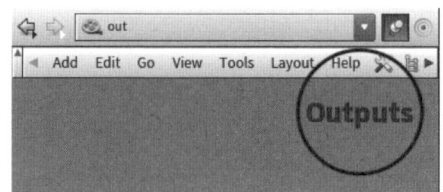

ROP 네트워크에 있다.

[3] 새로「Mantra」ROP을 만듭니다.
Mantra는 Houdini에 내장된 기본 렌더러입니다.

Mantra ROP를 만든다.

[4] mantra1 노드의 Camera 파라미터가 렌더링하려는 카메라의 경로인지 확인합니다.

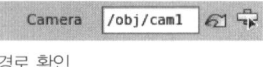

경로 확인

이번에는 /obj/cam1이기 때문에 문제없지만, 다른 이름의 카메라를 사용할 때는 이 파라미터를 변경할 필요가 있으니 유의하세요.

[5] 파라미터 에디터에서 Render to MPlay 버튼을 클릭합니다.

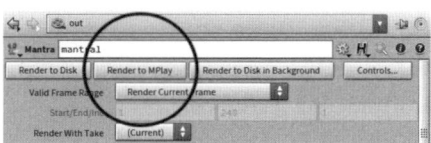

Render to MPlay 버튼을 클릭

[6] MPlay 창이 뜨고 렌더링 결과가 표시됩니다.

힌트

- 렌더링 시간을 단축시키고 싶다면 hlight1 노드의 Sampling Quality 파라미터의 값을 낮춥니다. 반대로, 쉐도우(그림자)의 노이즈가 신경쓰인다면 이 파라미터의 값을 올립니다.

■ 메터리얼의 설정

[1] Material Palette 펜(Pane)을 엽니다.

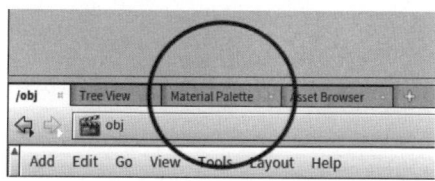

Material Palette 펜(Pane)을 연다.

[2] 왼쪽의 목록에서 Principle Shader를 오른쪽의 /mat라고 적혀 있는 프레임 안에 드래그&드롭 합니다.

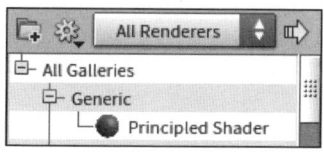

/mat에 메터리얼이 만들어졌다.

[3] 오른쪽 /mat 프레임 내에 생성된 principled shader 노드를 씬 뷰의 오브젝트 위에 드래그&드롭 합니다.
오브젝트에 재질이 할당되었습니다.

[4] 다시 /out의 mantra1 노드의 Render to MPlay 버튼을 클릭합니다.
조금 전과는 다른 질감으로 렌더링되는 것을 알 수 있습니다.

[5] /mat의 principleshader노드에서 Metallic 파라미터를 1로, Coat Roughness 파라미터를 0.5로 설정합니다.

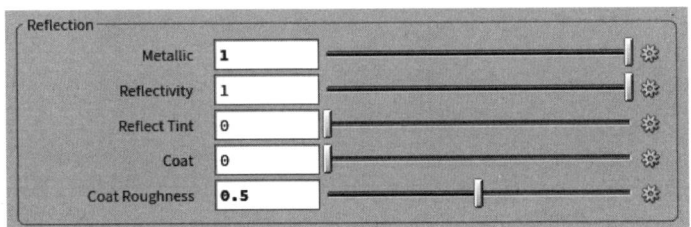

파라미터를 설정

[6] 다시 /out의 mantra1 노드에서 Render to MPlay 버튼을 클릭합니다.
또 다른 질감이 된 것을 알 수 있습니다.

다른 질감이 되어 있다.

제 2 장 기본 제작 방법

힌트

- 다른 메터리얼을 할당해 보거나 파라미터를 조정해서 렌더링을 해 보는 등 실제로 다양하게 시험해봅시다. Principle Shader에서는 네트워크 에디터 오른쪽 상단의 톱니바퀴 아이콘을 클릭하면 몇 가지 재질 파라미터가 자동으로 설정되어 있는 프리셋을 사용할 수 있습니다.

■ 이미지의 저장

[1] MPlay 창의 메뉴에서 File의 Save Frame As를 클릭합니다.

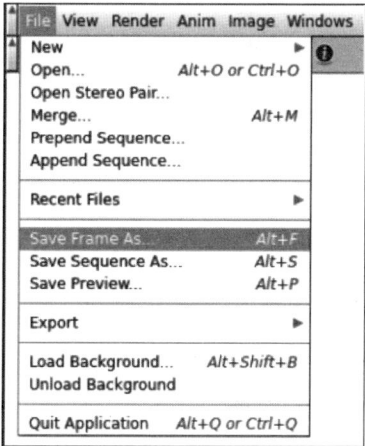

「Save Frame As…」를 클릭

[2] Filename 파라미터에서 저장할 이미지의 경로를 지정합니다.

[3] Save 버튼을 클릭하면 이미지가 저장되었습니다.

(역자주 : 기본 파일 확장자는 .pic지만 일반 이미지 뷰어에서 보기 위해 .jpg와 같은 확장자로 이름을 적어주면 해당 확장자에 맞는 이미지 포맷으로 저장됩니다)

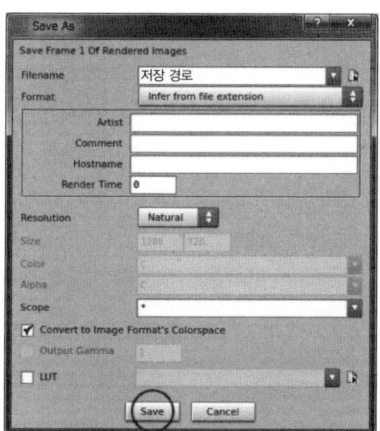

이미지의 경로를 지정

제 3 장

"파괴"의 제작

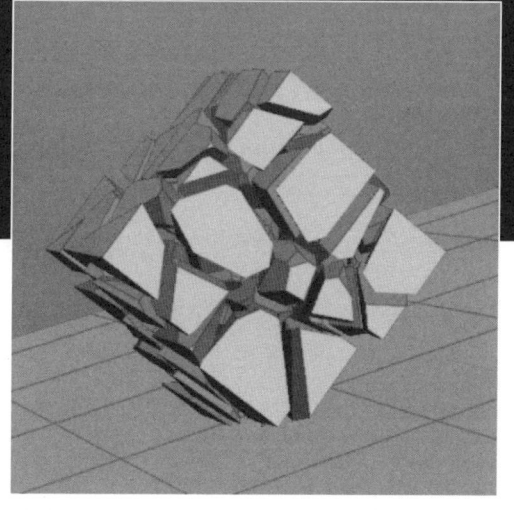

상자가 경사면에 떨어져 깨지고
굴러 떨어지는 모습을 제작합니다.

3.1 다이내믹스(역학:Dynamics)의 사전 지식

다이내믹스(Dynamics)는 역학을 말하는 것으로, 일반적으로 「물리 연산」에 따른 시뮬레이션에 의해 움직임을 제어합니다.

※

「DOP 네트워크」는 연산 흐름이 「SOP 네트워크」와는 근본적으로 다릅니다. 일부 예외를 제외하고 「SOP 네트워크」는 현재 프레임만 쿠킹(Cooking)하면 결과를 얻을 수 있지만 「DOP 네트워크」에서는 시작 프레임에서 현재 프레임까지 차례차례로 연산해야 비로소 결과를 얻을 수 있습니다.

예를 들어 「숲에서 5초 전에 던진 럭비공은 지금 어디에 있을까」라는 질문의 답을 구하려면, 던진 시점에서 지금까지 공이 어느 각도에서 몇 번 튕겨 갔는지 추적해야 합니다. 그래서 다이내믹스에서는 시뮬레이션에 매우 많은 연산이 필요한 경우가 있습니다.

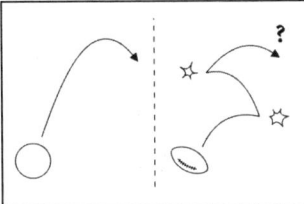

단순한 포물선 운동의 궤도는 예측 가능
(그러므로 숙련자라면 최대한 시뮬레이션을 사용하지 않고 SOP에서 움직임을 익히는 것이 바람직하다.)
그러나 복잡하게 충돌을 반복해야 할 물체의 경우에는 시뮬레이션을 사용하지 않으면 예측이 곤란하다.

주의

이후 특별히 언급하지 않는 한 DOP를 다룰 때는 항상 현재 프레임이 「시작 프레임」(디폴트에서는 「1」)으로 되어 있는 상태에서 조작하도록 유의하세요. 그렇지 않으면, 앞에서 말한 대로 DOP에서는 시작 프레임에서 현재 프레임까지 차례차례 모두 계산하려고 하기 때문에 경우에 따라서 과부하가 걸려서 멈춤 현상(Freeze)을 일으킬 수 있으므로 주의해야 합니다.

후디니에서 기본 유닛 단위는 무게는 킬로그램, 길이는 미터, 시간은 초를 기본 단위로 사용합니다. 주의해야 할 것은 소프트웨어에 따라 1유닛 단위를 1센티미터로 하는 것도 있기 때문에 다른 소프트에서 지오메트리를 가져와서 사용할 경우 유닛 단위가 맞지 않는 경우도 있습니다.
(※역자주 : 다른 소프트웨어에서 지오메트리를 가져와서 사용할 때 1유닛 단위의 스케일을 다른 부서와의 협의 하에 일부러 줄여서 사용하는 경우도 있습니다.)

주로 「SOP」을 이용하여 자유로운 제어가 가능한 것이 가장 큰 장점이라고 할 수 있는 것에 더해, 「Houdini」의 다이내믹스는 매우 전문적인 수준의 기능까지 액세스 할 수 있는 것도 큰 장점 중 하나입니다.

특히 「유체 역학(Fluid Dynamics)」의 지식이 있다면 물과 연기에 대해 더욱 특별한 제어를 할 수 있을 것입니다.

*

먼저 「DOP 네트워크」 내에서 사용되는 용어에 대해 알아봅시다.

● 오브젝트 (Object)

「물체(객체)」입니다. 항상 데이터를 가지고 있습니다.

● 데이터 (Data)

「정보」입니다. 예를 들면, 오브젝트의 ID, 농도, 속도, 온도 등과 같은 것입니다.
SOP의 어트리뷰트 개념과 닮아 있고, 실제 어트리뷰트도 데이터의 한 종류로 포함되어 있지만, 그 이외의 데이터는 컴포넌트로 분류되지 않습니다. 다방면에 걸쳐 세세한 정보를 대량으로 가지고 있습니다.

● 솔버 (Solver)

「계산하는 것」입니다. 시작 프레임에서 차례차례로 계산을 반복하면서, 오브젝트에 저장되어 있는 데이터를 해석해서 변경된 값을 반영합니다.

예를 들어, 밀도나 중력 같은 물리 데이터를 바탕으로 물체(오브젝트)의 움직임을 계산합니다. 고체를 다루는 RBD, Bullet, 기체를 다루는 Smoke, Pyro, 액체를 다루는 FLIP, Particle Fluid 등 많은 종류의 솔버가 있고 표현하고 싶은 것에 따라 구분하여 사용합니다.

● 릴레이션십 (Relationship)

「관계성」입니다. 다른 오브젝트들 간의 동작이나 상태를 의미합니다.
컬리젼(충돌 : Collisoin)과 컨스트레인(구속 : Constraint) 등이 있습니다.

3.2 단단한 물체(강체)의 시뮬레이션

이제 「파괴 이펙트」를 만들기 위한 준비를 해보겠습니다.

실제 「DOP 네트워크」 안에서 시뮬레이션을 하면서 충돌 시 발생하는 충격으로 지오메트리를 깨뜨리는 방법도 있지만, 여기서는 SOP에서 미리 나누어놓고 충돌 시 발생한 충격으로 깨진 것처럼 보여주는 방법을 다루겠습니다.

이렇게 접근함으로써 파편의 크기나 모양, 튀어 나가는 방법 등 다양한 요소를 자유롭게 제어할 수 있습니다.

■「상자」만들기

[1] 새로운 씬을 만들고 네트워크 에디터에서 [Tab] 키를 눌러서 box라고 입력하고 [Enter] 키를 누릅니다.

Geometry 노드

[2] Geometry 노드가 만들어지면 이름을 WORK로 변경합니다.

이름을 WORK로 변경

[3] WORK 노드를 더블 클릭하여 안으로 들어갑니다.
box1 노드의 Uniform Scale 파라미터를 2로 설정합니다.

파라미터를 2로 설정

[4] 새로운 「Transform」 SOP을 만들고, 「box1」 노드를 입력에 연결하고 TranslateY 파라미터를 3으로 설정합니다.

파라미터를 3으로 설정

공중에 떠 있는 상태의 상자가 되었습니다.

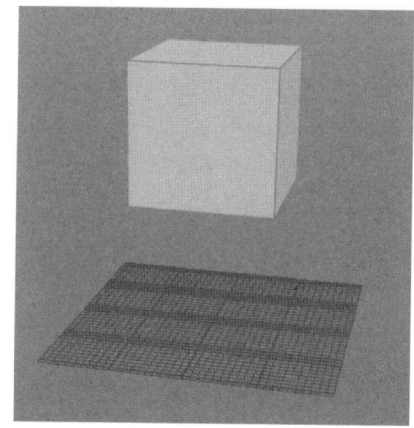

상자가 만들어졌다.

■ DOP 네트워크 만들기

[1] 새로운 「DOP 네트워크」 SOP을 만들고 제 1 입력에 transform1 노드를 연결합니다.

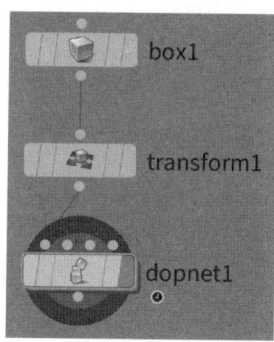

제1 입력에 transform1 연결

[2] dopnet1 노드를 더블 클릭하여 안으로 들어갑니다.

네트워크 에디터의 오른쪽 상단에 Dynamics 가 표시되어 있어서 현재 있는 곳이 「DOP 네트워크」 임을 알 수 있습니다.

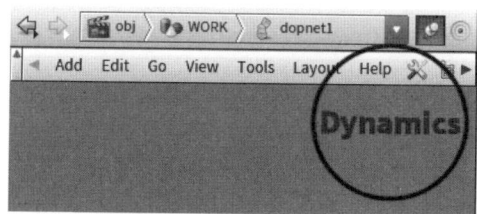

오른쪽 상단에 Dynamics 표시

Tab 키를 눌러 보면 노드의 메뉴도 DOP로 전환되어 있음을 알 수 있습니다.

[3] 새롭게 「RBD Object」 DOP을 만들고 노드의 출력 부분을 output 노드에 연결합니다.

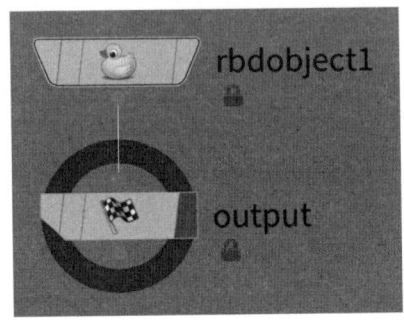

출력을 output에 연결

[4] rbdobject1 노드의 「SOP Path」 파라미터에서 오른쪽 끝부분의 노드 선택 버튼을 클릭하여 Choose Operator 윈도우가 나타나면 transform1 노드를 지정합니다.
transform1 노드로 연결이 설정되었습니다.

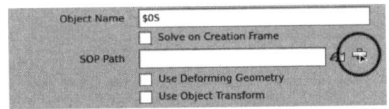

transform1 노드를 지정

이것으로 지오메트리를 지정할 수 있었지만, 이대로는 transform1 노드 다음에 노드를 더 연결하려고 할 때마다 매번 노드를 지정해야 해서 조금 번거롭습니다.
「Null」 SOP을 이용하여, 항상 「Null」 SOP을 지정하는 것도 하나의 해결책이지만, 여기에서는 Expression 함수를 이용해보겠습니다.

[5] SOP Path 파라미터에 `opinputpath("..", 0)` 라고 입력합니다.

이처럼 문자열 파라미터에 Expression을 써 넣을 때는 「 ` 」(팩 따옴표) 기호로 묶어주어야 합니다. (그러나 다른 문자열과 연결하지 않는 경우, 문장 끝의 팩 따옴표 기호는 생략할 수 있습니다.)

「 ' 」(작은 따옴표)가 아님에 주의하세요.

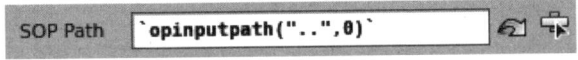

「 ` 」 기호로 표시

(※ 역자주 : 「 ' 」 기호와 「 ` 」 기호는 모양이 많이 닮아있어 혼동하기 쉽습니다. 반드시 구분해서 사용해야 합니다. 제자리에 맞지 않는 다른 기호를 사용하게 되면 에러가 발생합니다.)

opinputpath 함수는 지정된 노드에 입력하는 노드의 경로를 반환(Return)하는 함수입니다.
제1 인수에는 지정하는 노드, 제2 인수에는 0부터 시작하는 입력 번호를 넣습니다.
따라서, 이 경우에는 dopnet1 노드의 첫 번째 입력에 연결된 노드 즉, transform1 노드의 경로를 반환하는 것입니다.

파라미터의 레이블을 클릭하여
Expression의 결과를 확인할 수
있습니다.

[4]번에서 지정했던 것과 마찬가지로 transform1의 절대 경로가
적용되고 있습니다.

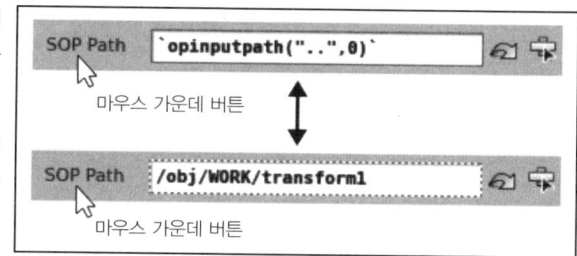

Expression의 결과

이것으로, 만일 dopnet1 노드의 제1 입력에 연결하는 노드를 다른 것으로 교체하더라도 내용을 수정하여 다시 지정할 필요가 없어집니다.

함수 이름이 길기 때문에 처음에는 기억하기도 어렵고 입력할 때 귀찮게 느껴질 수 있겠지만, 매우 유용한 기능의 함수이니 반드시 기억해두길 바랍니다.

■「지오메트리」의 확인

지오메트리 스프레드 시트를 살펴봅시다.

「SOP 네트워크」와는 레이아웃이 크게 다릅니다. 게다가 SOP의 스프레드 시트에서는 상류(Upstream)부터 어떤 노드(기본적으로는 선택된 노드)까지를 쿡(Cook)한 결과가 표시되는 반면, 「DOP」의 스프레드 시트에서는 항상(현재 선택된 노드와 상관없이) 상류부터 Output 플래그가 커져 있는 노드까지의 결과를 표시한다는 차이가 있습니다.

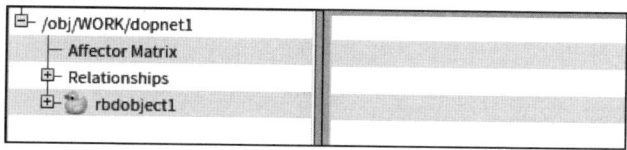

지오메트리 스프레드 시트

왼쪽에 rbdobject1으로 써 있는 것이 「DOP 네트워크」의 객체 중 하나입니다.

rbdobject1 노드를 보면 Object Name 파라미터가 있습니다. 이것은 이 노드에서 만들어지는 오브젝트의 이름을 지정하는 파라미터입니다.

여기에 자신의 노드 이름을 나타내는 변수인 $OS가 기본(Default)으로 입력되어 있기 때문에 rbdobject1 라는 이름의 오브젝트가 만들어져 있습니다.

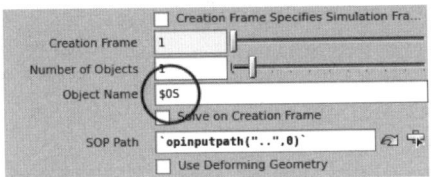

$OS가 기본으로 입력되어 있다.

[1] rbdobject1의 이름을 box로 변경합니다.
지오메트리 스프레드 시트를 보면, 오브젝트의 이름이 box로 되어 있는 것을 알 수 있습니다.

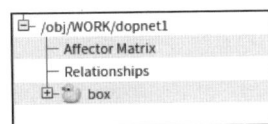

노드 이름이 box로 표시

[2] 새롭게 「Rigid Body Solver」 DOP을 만듭니다. 제1 입력에 box 노드를 연결시키고, 출력을 output 노드에 연결시킵니다.

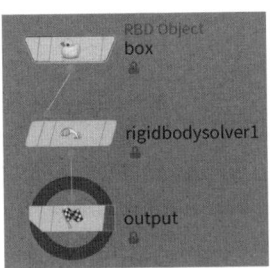

제1 입력에 box를 연결, 출력을 output에 연결

[3] rigidbodysolver1 노드의 Solver Engine 파라미터를 RBD로 설정합니다.
이 노드에서 단단한 물체(강체)의 계산에 사용하는 솔버의 종류를 선택할 수 있습니다.

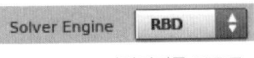

Solver Engine 파라미터를 RBD로

지오메트리 스프레드 시트에서 box의 왼쪽에 있는 + 마크를 눌러 펼쳐 보면 box 오브젝트의 계층 아래에 Solver라는 항목이 추가되어 있음을 알 수 있습니다.

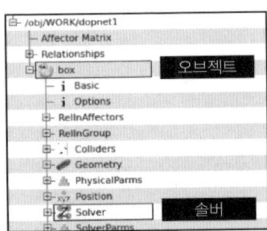

Solver가 추가되어 있다.

이처럼 만든 오브젝트에 솔버 데이터를 추가하는 것이 「DOP」에서 가장 기본적인 셋업입니다.

■ 중력의 추가

시뮬레이션 준비는 되어 있지만 중력을 포함하여 외력이 작용하고 있지 않기 때문에 재생시켜도 아직 아무런 변화가 일어나지 않습니다.

[1] 새롭게 「Gravity Force」 DOP을 만듭니다. 제1 입력에 rigidbodysolver1노드를 연결하고, output 노드에 출력을 연결합니다.

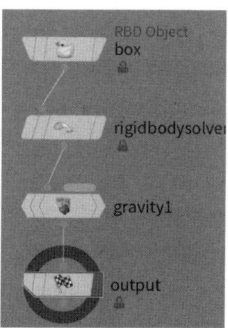

제1 입력의 rigidbodysolver1, 출력을 output에 연결

[2] 지오메트리 스프레드 시트를 확인해 보면 box 오브젝트의 계층 아래에 Forces라는 항목이 추가되어 있어서, 외력 데이터가 추가되어 있음을 알 수 있습니다.

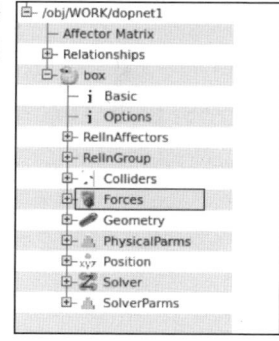

「외력」 데이터가 추가되어 있다.

[3] 윈도우 오른쪽 아래에 Real Time Toggle 버튼을 On으로 설정합니다.

「Real Time Toggle」버튼

[4] 플레이바를 재생해 봅니다. 중력에 의해 상자가 낙하합니다.

[5] 결과가 확인되면 재생을 멈추고 현재 프레임을 1로 되돌립니다.

■ 지면(땅:Ground)의 추가

[1] 새로 「Ground Plane」 DOP을 만들고 노드 이름을 ground로 변경합니다.
이것은 무한히 계속되는 평면으로, 다른 물체가 아래로 빠지는 경우가
거의 없기 때문에 지면으로 이용할 수 있습니다.

노드 이름을 ground로 변경

[2] 만든 ground 노드의 Rotation Z 파라미터를 15로
설정하면 지면이 기울어진 경사면이 됩니다.

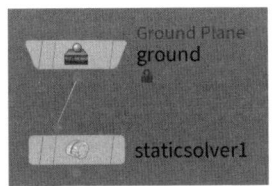

파라미터를 15로 설정

[3] 새로 「Static Solver」 DOP를 만들고 제1 입력에 ground 노드를
연결시킵니다.
이 솔버는 방금 전 Rigid Solver와는 달리, 충돌은 발생하지만 오브
젝트는 전혀 움직이지 않습니다.

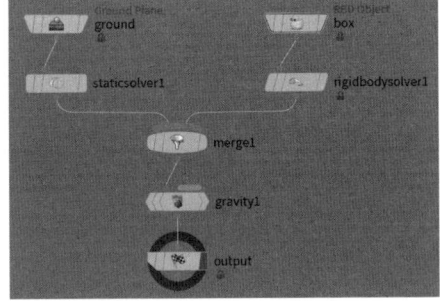

제1 입력에 ground 노드를 연결

[4] 「Merge」 DOP를 새로 만듭니다.
staticsolver1 노드와 rigidbodysolver1 노드를 순
서대로 입력에 연결시키고, gravity1 노드의 제1
입력에 출력을 연결시킵니다.

SOP에도 Merge 노드가 있지만, SOP과 DOP의
Merge 노드는 성격이 크게 다릅니다. 그림에서 볼
수 있는 것처럼 SOP의 Merge는 여러 개의 지오메
트리를 하나로 완전히 통합시키는 반면, DOP는 어
디까지나 오브젝트끼리의 관계(Relationship)를 엮
는 것입니다.
이 경우는 상자와 지면 간 충돌의 관계를 맺어줌으로
써 서로 충돌을 반응할 수 있게 됩니다.

[5] 지오메트리 스프레드 시트를 열어서 Affector Matrix 항목을 클릭합니다.

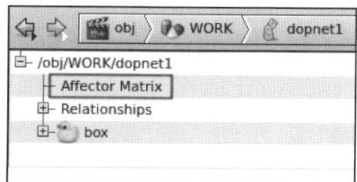

Affector Matrix를 클릭

 Affector Matrix는 오브젝트끼리의 관계성을 행렬(Matrix) 표에 따라 표시합니다.

녹색은 「자신」, 파란색은 「위 항목 오브젝트가 왼쪽 항목의 오브젝트에 영향을 주다.」, 노란색은 「서로 영향을 주다」라는 관계성을 표시합니다.

지금은 오브젝트가 두 개 밖에 없지만, 많은 오브젝트를 관리할 경우에는 각각의 관계성이 일목요연하게 나타나므로 상당히 편리합니다.

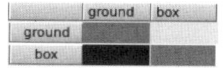

[6] 씬 뷰를 열어 플레이 바를 재생합니다. 상자가 지면으로 굴러 떨어집니다.

[7] 결과를 확인했다면, 재생을 멈추고 현재 프레임을 1로 되돌립니다.

 ground 노드의 Physical 탭이나 box 노드의 Physical 탭에 따라 물리 파라미터의 값을 변경할 수 있습니다.

Bounce(탄성계수)나 Friction(정지마찰계수), Dynamic Friction Scale(동적마찰계수) 등의 수치를 바꿔서 재생해보고 값에 따라 변경되는 결과를 확인해봅시다.

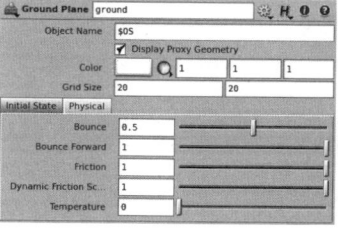
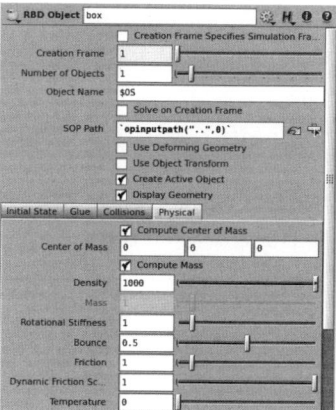

■ 「SOP」으로의 추출

[1] ⓤ 키를 눌러서 WORK 노드 안으로 되돌아갑니다.
dopnet1 노드의 Object Merge 안에 Object 파라미터에서 이 DOP 네트워크 중에서 실제 골라낼 오브젝트를 지정할 수 있습니다.

여기서는 「패턴매칭문」을 사용할 수 있으며, 기본값이 「 * 」으로 되어 있기 때문에, 모든 지오메트리를 가져오도록 되어 있습니다.
(패턴매칭에 관해서는 메뉴얼을 참조해주세요).
(※역자주 : * 기호는 All이라는 의미로 쓰입니다)

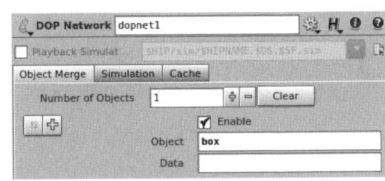

Physical 탭

[2] dopnet1 노드에서 Object Merge탭의 Object 파라미터에 box라고 입력합니다.

box 오브젝트만 「SOP 네트워크」로 추출 되었습니다.

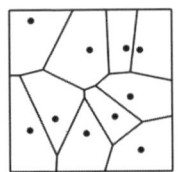

box 입력

3.3 파괴 시뮬레이션

■ 보로노이(Voronoi) 분할

「보로노이 분할」이란, 랜덤하게 배치된 점을 기반으로 서로 이웃되는 인접한 점끼리 수직이등분 면에 따라 분할하는 기법입니다. 따라서 분할하기 위한 점 집단이 필요합니다.

보로노이의 예. 점끼리 수직이등분면을 연결한 것이 출력됩니다

[1] 새로 「Voronoi Fracture」 SOP을 만듭니다. box1 노드는 제1 입력에 연결하고, transform1 노드는 출력에 연결합니다.

[2] 새로 「Scatter」 SOP를 만듭니다. 입력에 box1 노드를 연결하고, 출력을 voronoiracture1 노드의 제2 입력에 연결합니다.

[3] 만들어진 scatter1 노드에서 Relax Iterations 파라미터의 체크 박스를 Off로 설정합니다.

[4] voronoifracture1 노드의 디스플레이 플래그를 On으로 설정합니다.

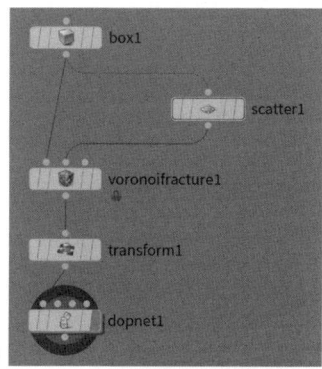

입력에 box1, 출력을 voronoifracture1 노드 제2 입력에 연결

씬 뷰를 보면 확실히 깨진 것처럼 보이지만, 사실 아직 문제가 남아 있습니다.

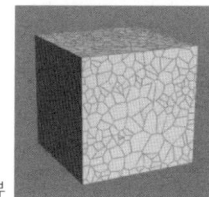

씬 뷰

[5] 새로 「Exploded View」 SOP을 만들고, 입력에 transform1 노드를 연결합니다.

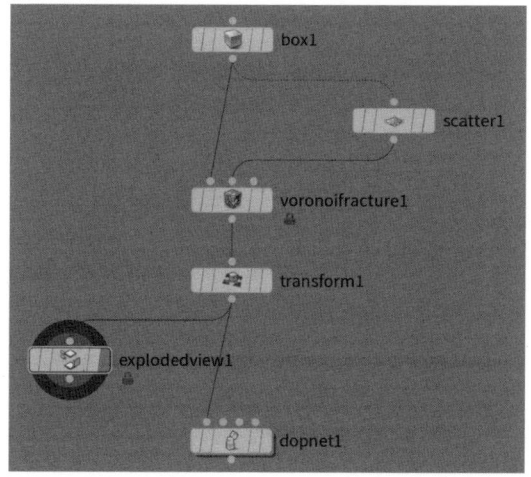

입력에 transform1 노드를 연결

85

Exploded View라는 SOP은 보로노이 분할을 한 후 파편을 모두 바깥 방향으로 조금씩 이동시켜서 보로노이 분할 결과를 확인하기 쉽도록 합니다.

씬 뷰에서 결과를 확인해보면 분할된 파편이 미묘한 형태가 되어 있음을 알 수 있는데, 이는 보로노이 분할에 사용한 Point가 모두 상자의 표면에만 존재하기 때문입니다.

입체적인 오브젝트를 자연스럽게 분할하려면 안쪽도 채워진 것처럼 Point를 사용해야 합니다.

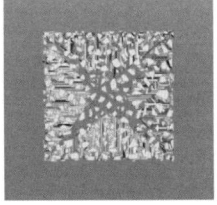

분할된 파편이 미묘한 형태로 되어 있다.

[6] 「VDB from Polygons」 SOP을 만듭니다. 제1 입력에 box1 노드를 연결하고, scatter1 노드는 출력에 연결합니다. transform1 노드는 입력에 연결합니다.

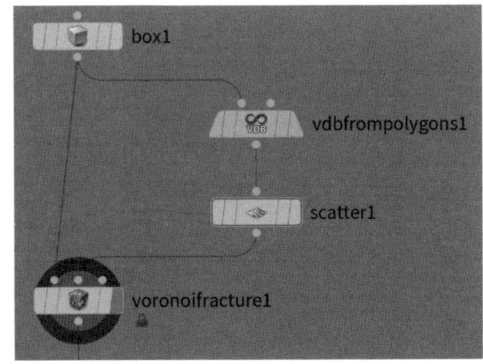

제1 입력에 box1, scatter1에 출력을 연결

[7] 만들어 둔 vdbfrompolygons1 노드의 Distance VDB 체크를 Off로 설정하고, Fog VDB를 On으로 체크합니다.

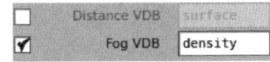

「Fog VDB」 체크를 「On」으로

Volume이라는, 복셀(Voxel)에 따라 값을 가진 형식으로 변환되었습니다.
여기서 density(밀도)를 나타내는 스칼라(Scala) 값을 가지게 되는데, 원래의 지오메트리 안쪽은 높은 값을, 바깥쪽은 낮은 값을 갖게 됩니다.

이처럼 Volume에 「Scatter」 SOP을 사용하면 밀도가 높은 부분에 Point가 흩뿌려집니다.
따라서, 지오메트리의 표면만이 아니라 안쪽 모두에도 흩뿌려지게 되는 것입니다.

힌트

- 이 예에서는 Open VDB 기술에 의한 Sparse Volume이라는 조금 특수한 형식으로 변환되어 있습니다. 이번처럼 상자를 변환하는 경우와 크게 다르진 않겠지만, 복잡한 형태를 변환할 경우, 밀도가 낮은 부분의 계산을 생략하기 때문에 매우 효율적입니다.

- 보통 Volume 타입의 Primitive로 변환할 때는 VDB from Polygons 대신에 「Iso Offset」 SOP을 사용합니다.

[8] 일단 scatter1 노드의 디스플레이 플래그를 On으로 설정하고, 씬 뷰를 봅니다.
상자 내부를 채우듯이 Point가 흩뿌려져 있는 것을 확인할 수 있습니다.

이처럼 일단 볼륨으로 변환하고 나서 「Scatter」 SOP을 사용하여 표면 뿐만 아니라 내부까지도 채워주는 Point를 흩뿌릴 수 있습니다.

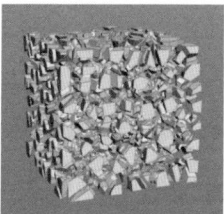

내부에도 Point를 흩뿌렸기 때문에 자연스럽게 분할되어 있다.

[9] 다시 explodedview1 노드의 디스플레이 플래그를 「On」으로 합니다.

응용

- 「Scatter」 SOP에서 Point를 흩뿌리기 전에 「Volume VOP」을 이용하여 볼륨의 밀도(density)에 노이즈를 더하거나 전혀 다른 지오메트리에 적용하여 만든 Point를 「보로노이」에 사용함으로써 분할 방법을 자유롭게 결정할 수 있습니다.

- 여력이 되면 좀 더 자연스럽게 깨지도록 다양한 방법으로 만든 Point를 「보로노이 분할」 방식으로 시험해 봅시다.

■ Group별 컬러 할당

voronoifracture1 노드의 Groups 탭 안에 설정에 따라, 기본적으로 안쪽과 바깥쪽의 Primitive가 각각 Group화 되도록 설정되어 있습니다.

이것을 이용하여 각각 다른 색을 입혀 봅시다.

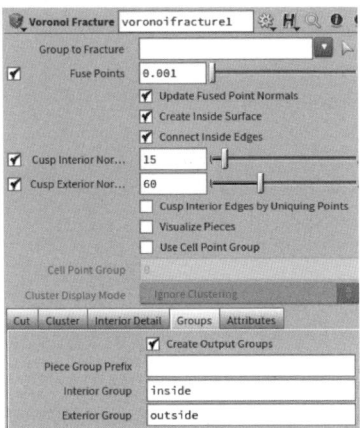

각각 Group화 되도록 설정되어 있다

[1] scatter1 노드의 Force Total Count 파라미터를 100으로 설정합니다.

[2] 「Color」 SOP을 새로 만들어서, voronoifracture1 노드 아래에 삽입합니다.

[3] 만든 color1 노드의 파라미터에서 Group에 outside라고 입력하고, Class를 Primitive로, Color를 노란색으로 설정합니다.

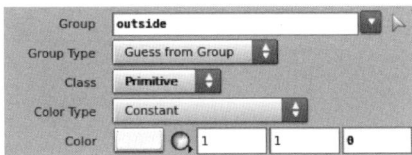

파라미터를 설정

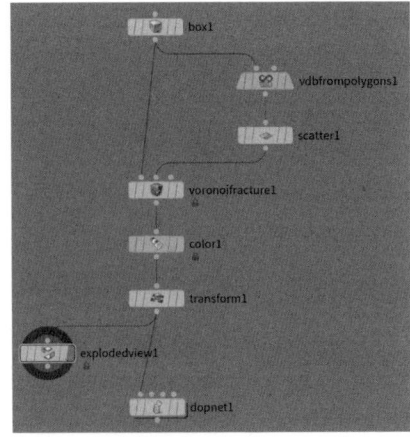

voronoifracture1 밑에 삽입

[4] 동일하게 새로 「Color」 SOP을 만들고, color1 노드 아래에 삽입합니다.

[5] 만든 color2 노드의 파라미터에서 Group에 inside라고 입력하고, Class는 Primitive로, Color는 오렌지색으로 설정합니다.

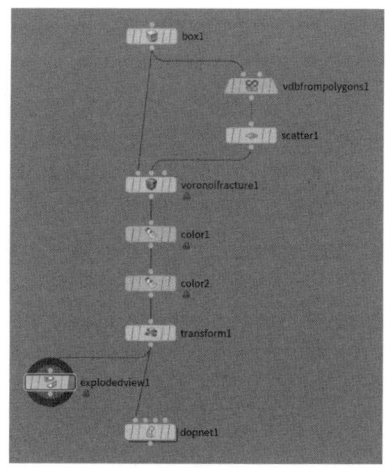

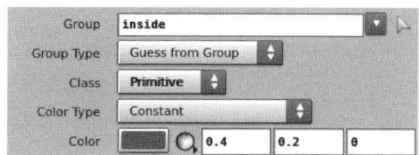

파라미터를 설정

color1 노드 밑에 삽입

[6] 일단 explodedview1 노드의 디스플레이 플래그를 On으로 설정합니다. 상자의 내측과 외측에 각각 다른 색이 입혀 있는 것을 확인할 수 있습니다.

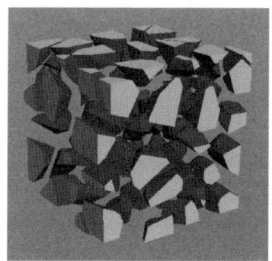

각각 다른 색이 입혀져 있다

[7] 확인했다면 explodedview1 노드를 제거합니다.

■ 「Fractured Object」의 시뮬레이션

dopnet1 노드를 더블 클릭하여 안으로 들어갑니다.

이번에는 각 파편마다 다른 움직임이 필요하기 때문에 파편마다 오브젝트를 나눌 필요가 있습니다.

[1] 「RBD Fractured Object」 DOP을 새로 만들고, box 노드 대신에 출력을 rigidbodysolver1 노드의 제1 입력에 연결합니다.

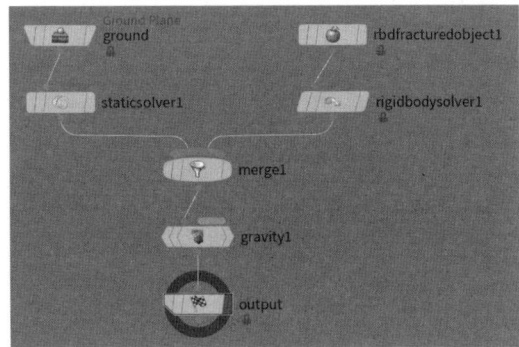

rigidbodysolver1의 제1 입력에 연결

[2] 앞서 했던 것처럼 SOP Path 파라미터에 'opinputpath("..",0)' 라고 입력합니다. transform1 노드의 경로가 자동으로 설정됩니다.

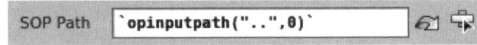

transform1 노드의 경로

[3] rigidbodysolver1 노드의 Solver Engine 파라미터를 Bullet으로 설정합니다.

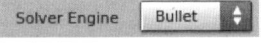

[4] 플레이 바를 재생해보면 파편마다 다른 움직임을 가지는 것을 알 수 있습니다.

파편마다 다른 움직임을 가진다.

[5] 결과가 확인되었으면 재생을 멈추고, 현재 프레임을 1로 되돌립니다.

■ SOP으로의 추출

지오메트리 스프레드 시트를 보면 오브젝트 이름이 piece0, piece1, piece2 … 으로 되어 있는 것을 알 수 있습니다.

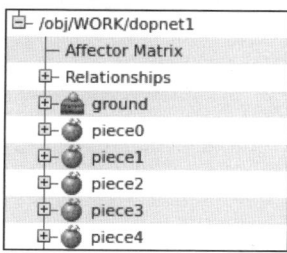

지오메트리 스프레드 시트

 이는 상류 계층의 voronoifracture1 노드에서 Attributes 탭의 Name Prefix 기본값으로 Piece를 갖는 Primitive 어트리뷰트가 만들어졌고, dopnet1 노드 안의 rbdfracturedobject1 노드에서 Fracture By Name이 기본적으로 「On」되어 있기 때문입니다.

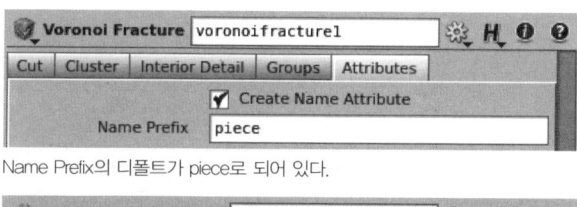

Name Prefix의 디폴트가 piece로 되어 있다.

Fracture By Name의 디폴트가 On으로 되어 있다.

[1] Ⓤ 키를 눌러서 WORK 노드 안으로 되돌아갑니다.

[2] dopnet1 노드의 Object 파라미터에 「piece*」를 입력합니다.
piece로 시작하는 이름의 오브젝트를 모두 추출했습니다.

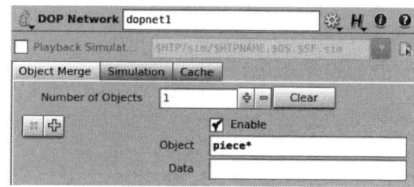

Object 파라미터에 「piece*」라고 입력

3.4 Glue에 의한 접착

■ 접착의 기본 셋업

사실, 지금 이대로는 큰 문제가 있습니다.

[1] rbdfracturedobject1의 Initial State 탭 안에 Angular Velocity Z 파라미터를 90으로 설정합니다. 이에 따라, 초기 상태로 각속도(회전 속도)를 가지게 됩니다.

| Angular Velocity | 0 | 0 | 90 |

Angular Velocity Z 파라미터를 90으로 설정

(※역자주 : 각속도(Angular Velocity)란? 회전 운동을 하는 물체가 단위 시간에 움직이는 각도를 말합니다.)

[2] 플레이 바를 재생해봅니다.
지면에 충돌하기 전에 부서지는 것을 알 수 있습니다.

[3] 결과를 확인했다면 재생을 멈추고 현재 프레임을 1로 되돌립니다.

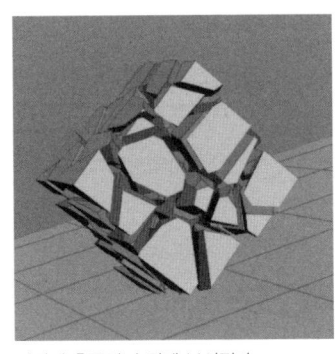

지면에 충돌하기 전에 부서진다

충돌이 일어나는 순간까지 부서지지 않게 하기 위해, 파편끼리 「접착(붙어있도록)」해 봅시다.

[1] 「Constrain Network」 DOP를 새로 만들어서 제1 입력에 rbdfracturedobject1 노드를 연결시키고, 「rigidbodysolver1」 노드에 출력을 연결시킵니다.

[2] 「Glue Constraint Relaltionships」 DOP을 새로 만들고, constraintnetwork1 노드의 제2 입력에 출력을 연결시킵니다.

제 3 장   파괴의 제작

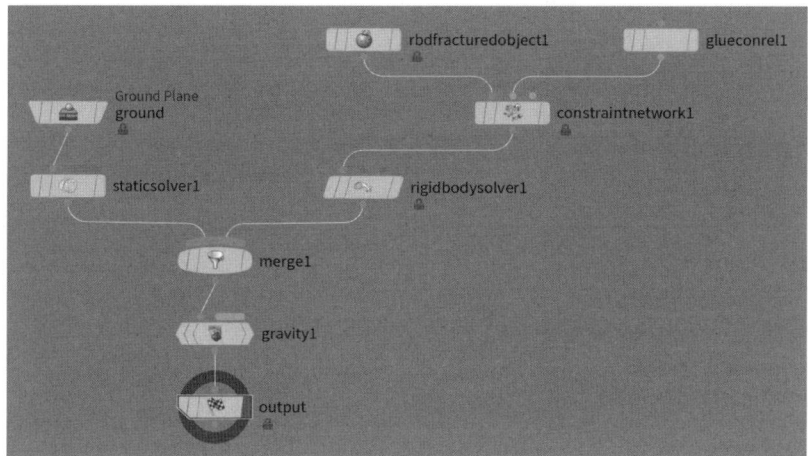

constraintnetwork1의 제2 입력에 연결

■ 접착의 설정

다음으로 접착시킬 곳의 설정이 필요합니다.

[1] ⓤ 키를 눌러서 WORK 노드 안으로 돌아갑니다.

[2] 「Connect Adjacent Pieces」 SOP을 새로 만듭니다. transform1 노드는 입력에 연결시키고, Connection Type 파라미터는 Adjacent Pieces from Surface Points에 설정합니다.

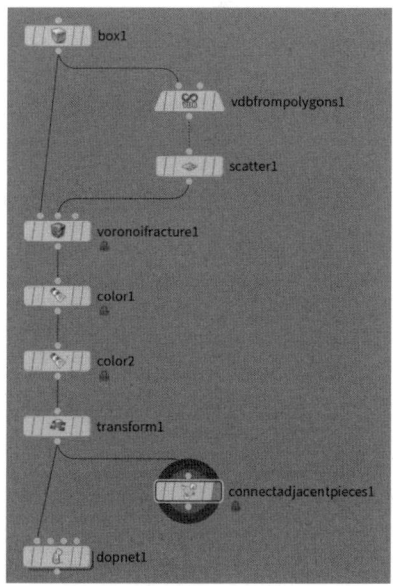

입력에 transform1, Connection Type 파라미터는 Adjacent Pieces from Surface Points로 설정

93

[3] 서로 이웃하는 인접 파편의 중심점들끼리 이어주는 선이 만들어졌습니다.

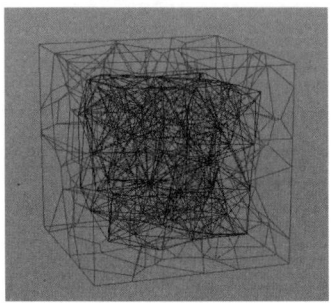

파편의 중심점끼리를 이어주는 선

 컨스트레인(Constraint)을 사용하는 지오메트리에는 최소한 constraint_name과 constraint_type이라는 이름의 Primitive 형 어트리뷰트가 필요하므로 이것들을 추가합니다. 자세한 내용은「Constrain Network」DOP의 메뉴얼을 참조해주세요.

[4]「Attribute Create」SOP을 새로 만들고, connectionadjacentpieces1 노드는 입력에 연결합니다.

[5] Number of Attributes 파라미터를 2로 설정합니다.

[6] 파라미터 한쪽의 Name을 constraint_name, Class를 Primitive, Type을 String으로 설정하고, String에는 ConRelGlue으로 입력합니다.

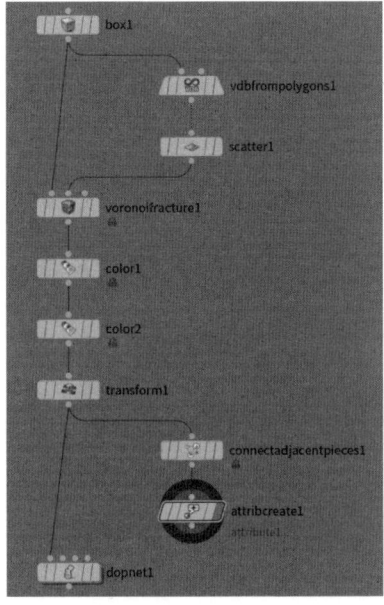

입력에 connectadjacentpieces1 노드를 연결

이 ComRelGlue 값은 dopnet1 노드 안에 glueconrel1 노드의「Data Name」파라미터 값과 일치시킵니다.

제 3 장   파괴의 제작

[7] 파라미터의 다른 한쪽에서 Name은 constraint_type, Class는 Primitive, Type은 String으로 설정하고, String에 all을 입력합니다.

[8] attribcreate1 노드를 dopnet1 노드의 제2 입력에 연결합니다.

[9] dopnet1 노드를 더블 클릭하여 안으로 들어갑니다. constraintnetwork1 노드의 Geometry Source 파라미터를 Second Context Geometry로 설정합니다.

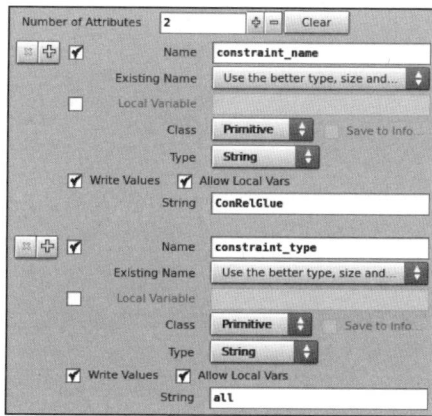

파라미터를 설정

이에 따라, 「Dop Network」의 제2 입력에 연결된 지오메트리를 불러올 수 있게 됩니다.

[10] 플레이 바를 재생해 봅니다.
낙하해서 충돌이 가해지는 시점에 깨지기 시작합니다.

힌트

- glueconrel1 노드의 Strength 파라미터에서 접착의 강도를 변경할 수 있습니다.

95

제 4 장

파티클의 제작

파티클의 발생과 움직임을 자유자재로 조종하고, 충돌하거나 분열하는 모습 등도 제작합니다.

4.1 시뮬레이션을 사용하지 않는 파티클의 제어

「Houdini」에서 파티클의 제어는 다양한 접근 방법이 있습니다.

앞에서 언급한 대로 「SOP」에서의 Point는 단체로 파티클로 처리하거나 인접한 면끼리의 결합점 (Connection Point)으로 처리할 수도 있기 때문에 지오메트리 디폼(Deform:변형)과 동일한 조작으로 파티클까지 다룰 수 있습니다.

다이내믹스에서 힘이나 바람을 사용하여 움직임을 주려고 할 때 생각한 대로 움직임이 나오지 않을 수도 있습니다.

그럴 때 「Twist」 SOP을 사용하면 토네이도 같은 움직임을 쉽게 만들 수 있고, 「Lattice」 SOP을 사용하면 다른 지오메트리를 이용하여 파티클의 흐름을 제어할 수 있게 됩니다.

무엇보다 현재 프레임만 계산하면 되고, 몇 번씩이고 여러 번 반복 재생하면서 계산 결과를 다시 확인할 필요가 없습니다.

당연히 역학(다이내믹스)이 필요한 경우도 많지만, 그보다 우선 SOP에서 제어하는 접근 방법을 고민해보면 좋을 것입니다.

■「나머지」 성질의 확인

우선 「다이내믹스」를 일절 사용하지 않고 「(계속) 내리고 있는 눈」 같은 것을 만들어 봅시다.

p.44의 「사칙 연산」 제일 끝에도 있던 나머지는 나눗셈의 나머지로, 「모듈 연산」이라고도 합니다. 이것을 이용하면 반복하는(Repeat) 움직임을 쉽게 구현할 수 있습니다.

예를 들어, 정수 3으로 나눈 나머지는 0,1,2,0,1,2,0,1,2…으로 반복되고, 4로 나눈 나머지는 0,1,2,3,0,1,2,3,0,1,2,3…으로 반복됩니다.

「Houdini」의 Expression과 VOP에서는 소수에서도 이 나머지 값을 사용할 수 있습니다.

먼저 간단한 셋업으로 나머지의 성질을 확인해봅시다.

n	0	1	2	3	4	5	6	7	8	9
n % 3	0	1	2	0	1	2	0	1	2	0
n % 4	0	1	2	3	0	1	2	3	0	1

나머지의 성질

[1] 새로운 씬을 만들고 네트워크 에디터에서 [Tab] 키를 눌러
box라고 입력하고 [Enter] 키를 누릅니다.

「box」라고 입력

[2] Geometry 노드가 만들어지면 이름을 WORK로 변경합니다.

이름을 「WORK」로 변경

[3] 만든 WORK 노드를 더블 클릭하여 안으로 들어갑니다.
box1 노드의 Center 파라미터를 {0.5, 0.5, 0.5}로 설정합니다.

파라미터를 {0.5, 0.5, 0.5}로 설정

[4] 「Transform」 SOP을 새로 만들고 입력에는 box1 노드를 연결합니다.
TranslateX 파라미터에는 @Time이라고 입력합니다.
이처럼 현재 시간을 취하는 경우는 어트리뷰트 이름 대신
Time이라는 문자열을 사용합니다.

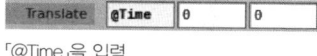

「@Time」을 입력

힌트

- @Time 대신 $T라는 변수를 입력해도 마찬가지 결과입니다.

[5] 윈도우 오른쪽 아래의 Real Time Toggle 버튼이 On으로 되어 있는 것을 확인하고 플레이 바를
재생합니다. X축을 따라 계속 이동하는 것을 알 수 있습니다.

[6] 결과를 확인했다면, 재생을 멈추고 현재 프레임을 1로 되돌립니다.

[7] TranslateX 파라미터에 @Time%2을 입력합니다.

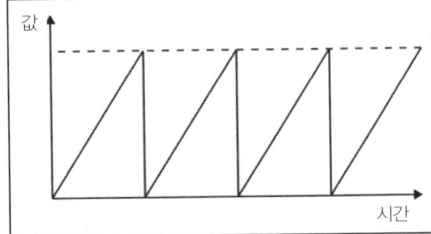
@Time%2를 입력

[8] 플레이 바를 재생해 봅니다.
이동량이 2를 넘지 않는 범위에서 반복하는 움직임을 보여 주고 있습니다.

[9] 결과가 확인되면, 재생을 멈추고 현재 프레임을 1로 되돌립니다.

[10] 「나머지」의 성질을 확인했으면 Transform1 노드를 삭제합니다.

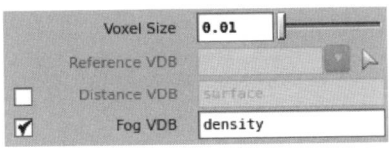

나눗셈한 값을 샘플링하여 데이터를 그래프로
나타내면 톱니파형(Sawtooth Wave)이 된다.

■ Point 만들기

[1] 「VDB from Polygons」 SOP을 새로 만듭니다. 입력에는 box1 노드를 연결하고 파라미터의 Voxel Size는 0.01로 하고, Distance VDB는 Off로, Fog VDB의 체크는 On으로 설정합니다.

파라미터를 설정

[2] 「Scatter」 SOP을 새로 만들고 vdbfrompolygons1 노드를 입력에 연결합니다.

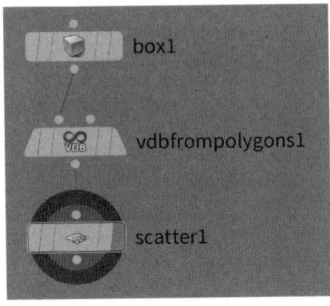

입력에 vdbfrompolygons1 노드를 연결

[3] 「Attribute VOP」 SOP을 새로 만들어서, 제1 입력에 scatter1 노드를 연결합니다.

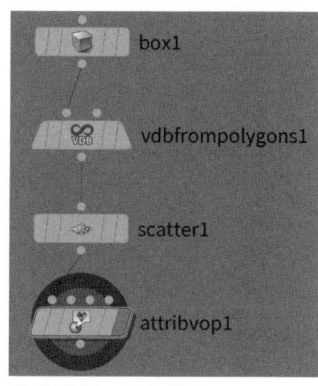

제1 입력에 「scatter1」 연결

이 노드는 책에서 그다지 많이 다루고 있지 않지만, 실무에서는 사용 빈도가 매우 높은 노드 중 하나입니다. VOP에 의한 수치를 계산하고 그 값을 반영하여 지오메트리 정보를 변화시킵니다.

■ 「Attribute VOP」의 이해

[1] attribvop1 노드를 더블 클릭하여 안으로 들어갑니다.

네트워크 에디터의 오른쪽 상단에 VEX Builder라고 표시되어 있으므로, VOP 네트워크에 있음을 알 수 있습니다. 또한, Tab 키를 눌러 보면 노드의 메뉴도 VOP에 맞춰 바뀌어 있습니다.

오른쪽 상단에 「VEX Builder」 표시

One Point

「VOP」은 다른 컨텍스트와 달리 상하로 입출력되는 형태가 아니라 왼쪽에서 입력하고 오른쪽으로 출력하는 형태입니다.

원래부터 존재하는 geometryvopglobal1 노드가 이 VOP 전체의 입력을 맡습니다.

VOP을 사용하여 무언가 손을 대기 전에 어트리뷰트 값을 여기에서 얻을 수 있습니다.

P나 v 등의 대표적인 어트리뷰트 이름 외에도 제2장에서 이용한 ptnum이나 numpt 같은 문자열도 확인할 수 있습니다.

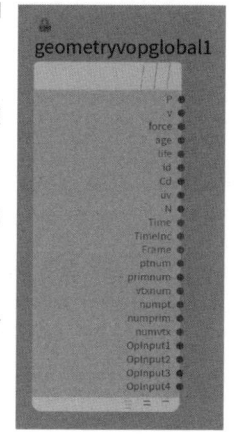

이 VOP 전체의 입력을 맡는다.

그리고 geometryvopoutput1 노드가 전체의 출력을 맡고 있습니다. 여기에 설정된 값이 지오메트리에 적용됩니다.

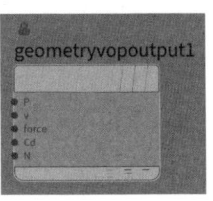

전체의 출력을 맡는다.

[2] 「Constant」 VOP을 새로 만듭니다. Constant Type을 Vector로 설정하고 geometryvopoutput1 노드 P 입력에 연결합니다.

지오메트리 스프레드 시트를 확인해 보면 P 어트리뷰트의 값이 모두 0으로 되어 있는 것을 알 수 있습니다.

	P[x]	P[y]	P[z]
0	0.0	0.0	0.0
1	0.0	0.0	0.0
2	0.0	0.0	0.0
3	0.0	0.0	0.0

지오메트리 스프레드 시트

[3] 만든 const1 노드의 Vector Default 파라미터를 적당한(임의의) 값으로 변경해봅니다.
이 값에 따라 어트리뷰트 값이 변경되는 것을 알 수 있습니다.

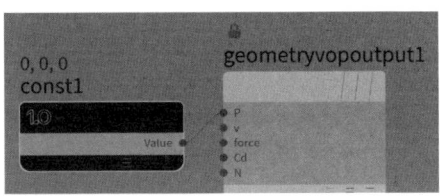

어트리뷰트 값이 변경된다.

[4] VOP에 따라 어트리뷰트 값도 따라서 변경이 가능하다는 것을 확인했으면 const1 노드를 삭제합니다.

■ Point의 이동

[1] 「Subtract」 VOP을 새로 만듭니다. geometryvopglobal1의 P 출력을 input1 입력에 연결하고, 출력은 geometryvopoutput1의 P 입력에 연결합니다.

「Subtract」 VOP은 뺄셈을 하기 위한 노드입니다.

뺄셈을 하기 위한 노드

[2] 「Float to Vector」 VOP을 새로 만들어서 출력을 subtract1의 input2 입력에 연결합니다.
이것은 값을 Float 형에서 Vector 형으로 변환하는 노드입니다. Vector의 각 구성 요소(컴포넌트 : Component)마다 값을 설정하고 싶은 경우에 사용합니다.

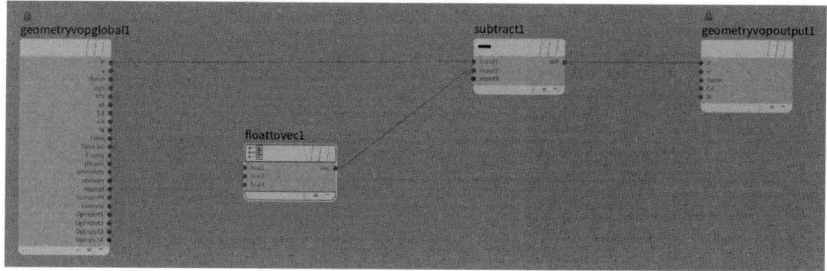

출력을 subtract1의 input2에 입력

[3] 만든 floattovec1 노드의 Component2 파라미터를 적당한 값으로 변경해 보겠습니다.
Y 좌표에만 값을 가감하고 있기 때문에 씬 뷰를 보면 전체가 상하 방향으로 이동하는 것을 알 수 있습니다. 당연히 Component1은 X축 방향으로, Component3은 Z축 방향으로 이동합니다.

[4] geometryvopglobal1 노드의 Time 출력은 floattovec1 노드의 fval2 입력으로 연결합니다.

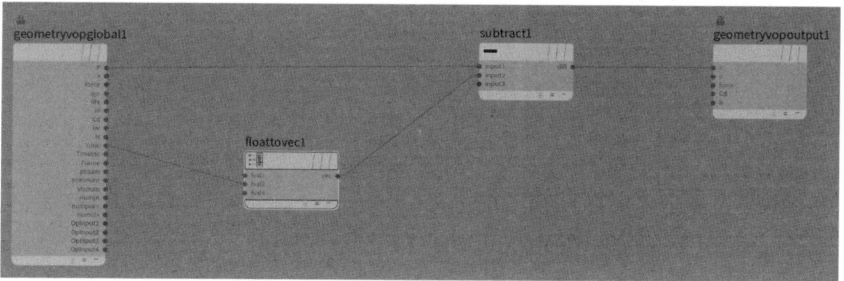

Time 출력을 floattovec1의 fval2 입력에 연결

이에 따라 현재의 타임 값이 Y좌표에서 뺄셈이 됩니다. 플레이 바를 재생해보면 전체가 아래로 계속 이동하는 것으로 나타납니다.

[5] 「Modulo」 VOP을 새로 만들어서 「input1」입력에 subtract 노드를 연결하고, 출력은 geometryvopoutput1 노드의 P 입력에 연결합니다.

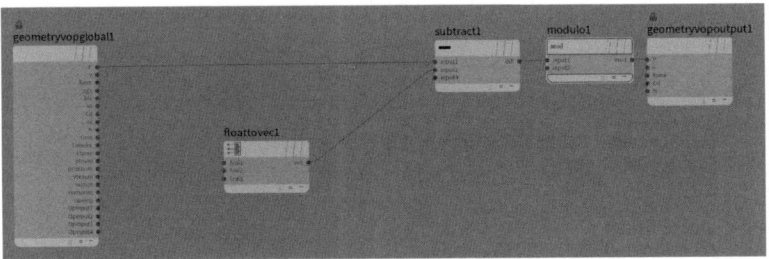

노드를 연결한다.

이 Modulo는 Expression에서의 % 기호처럼 나머지를 나타냅니다.
플레이 바를 재생해 보면 모든 Point가 항상 위에서 아래로 계속해서 반복 이동하는 것을 알 수 있습니다.

힌트

- 이번처럼 1로 나눈 나머지만 이용하는 것이라면 「Modulo」 VOP 대신 「Fraction」 VOP을 사용해도 동일한 결과를 얻을 수 있습니다.

응용

- 사실 엄밀히 말하면 Expression의 % 기호와 「Modulo」 VOP은 계산식이 다르기 때문에 음수를 입력하면 결과가 달라질 수 있습니다. 「Modulo」 VOP은 제1 입력이 음수여도 제2 입력이 양수이면 양수값 결과가 반환되기 때문에 이번과 같은 결과가 나옵니다.

■ 속도의 조정

[1] 「Multiply」 VOP을 새로 만들고 floattovec1 노드의 앞에 삽입합니다.
이 노드는 곱하기를 하는 노드입니다.

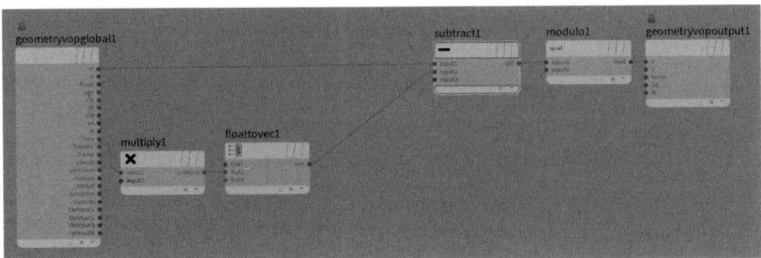

곱하기 노드

[2] 「Parameter」 VOP을 새로 만들어서 parm 출력을 multiply1 노드의 input2 입력에 연결합니다.

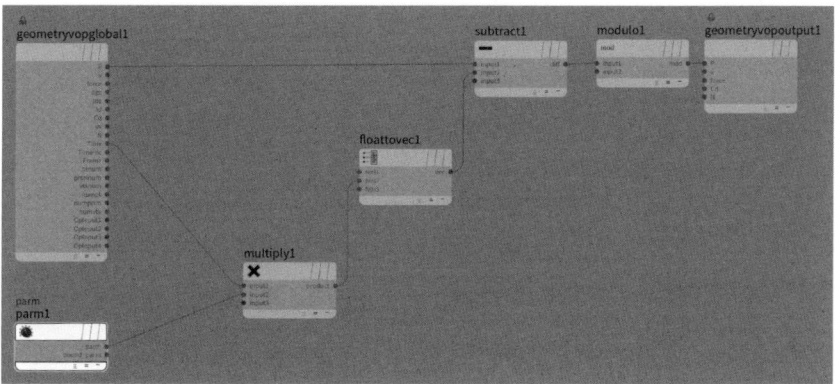

parm 출력을 multiply1의 input2 입력에 연결한다.

힌트

또는, [2]번 순서대신 다음의 방법을 사용해도 동일한 결과가 됩니다.

① multiply1 노드 input2 입력의 동그라미 버튼에서 중간 클릭하고 메뉴에서 Promote Parameter를 선택합니다.

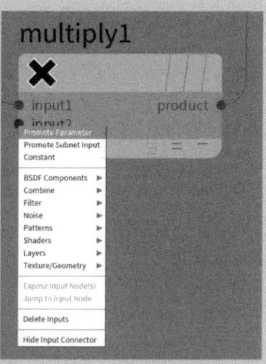

「Promote Parameter」를 선택

작은 둥근 사각형은 노드가 숨어 있음을 나타냅니다.

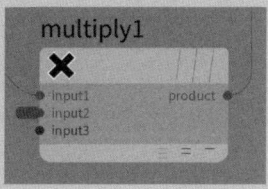

② 이 작은 둥근 사각형을 더블 클릭하면 숨어 있던 노드가 나타납니다.

105

[3] parm1 노드의 (힌트의 방법으로 만든 경우 input2 노드) Label 파라미터에 Speed라고 입력합니다. 이것은 직접 만드는 파라미터의 표시 이름이므로 임의의 문자열을 넣을 수 있습니다.

[4] ⓤ 키를 눌러 일단 WORK로 돌아옵니다.

다시 attribvop1 노드를 선택하고 파라미터 에디터를 보면 Speed라는 파라미터가 추가되어 있습니다.

이처럼 「Parameter」 VOP을 사용하면 파라미터를 만들 수(프로모트 : Promote) 있습니다. 나중에 파라미터 값을 변경할 가능성이 있는 경우는 이처럼 프로모트해두면 좋습니다.

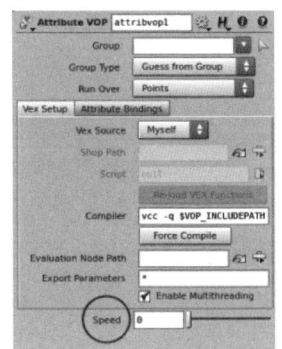

Speed 파라미터가 추가

[5] 생성된 Speed 파라미터를 적당한 임의의 값으로 설정하고 플레이 바를 재생해 봅니다. 파라미터 값에 따라 속도가 바뀌는 것을 알 수 있습니다.

[6] 결과를 확인했으면 재생을 멈추고 현재 프레임을 1로 되돌립니다. 그리고 Speed 파라미터의 값을 0.5로 설정합니다.

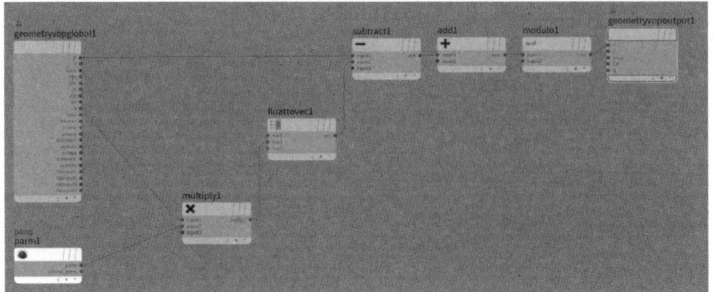

프레임과 파라미터를 설정한다

■ 노이즈의 추가

지금 상태에서는 항상 수직으로만 이동합니다. 이 움직임에 노이즈를 추가해봅시다.

[1] 「Add」 VOP을 새로 만들고 subtract1 노드 뒤에 삽입합니다.
이 노드는 덧셈을 하는 노드입니다.

[2] 「Turblent Noise」 VOP을 새로 만들고, Signature 파라미터를 3D Noise로 설정합니다. 이 노드는 노이즈를 출력하는 노드 중 하나입니다. 노이즈를 출력하는 VOP에는 다른 많은 종류가 존재합니다.

3D Noise로 설정

[3] 만든 turbnoise1 노드의 pos 입력에 subtract1 노드를 연결하고, 출력을 add1 노드의 input2 입력에 연결합니다.

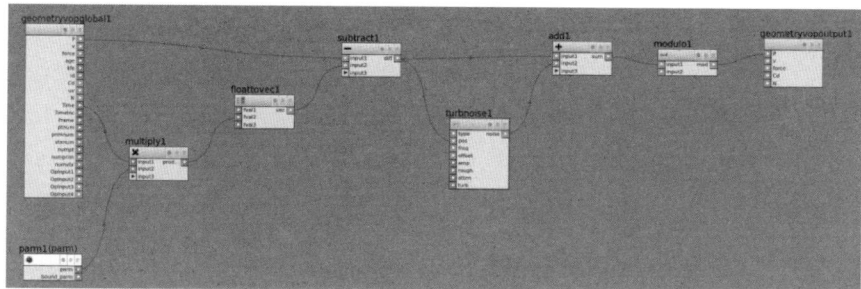

노드를 연결

[4] turbnoise1 노드 상단의 흰색 부분을 오른쪽 클릭하고, 나타난 메뉴에서 VEX/VOP Options의 Create Input Parameters를 클릭합니다.
이에 따라 연결되어 있지 않은 모든 입력이 방금 전과 같이 프로모트가 되었습니다.

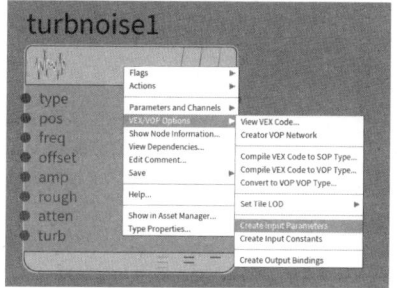

Create Input Parameters를 클릭

[5] ⓤ 키를 눌러 WORK로 돌아갑니다.

다시 attribvop1 노드를 선택하고 파라미터 에디터를 보면 아까와 마찬가지로 몇 가지 파라미터가 프로모트되어 있는 것을 알 수 있습니다.

[6] Noise Type 파라미터를 Original Perlin Noise로 설정하고, Frequency 파라미터를 {1, 0.2, 1}로 설정합니다.

Speed	0.5		
Noise Type	Original Perlin Noise		
Frequency	1	0.2	1
Offset	0	0	0
Amplitude	1		
Roughness	0.5		
Attenuation	1		
Turbulence	5		

파라미터를 설정

끝없이 계속 내리는 눈이나 색종이 같은 효과를 만들 수 있었습니다.

힌트
- 「다이내믹스」를 사용하지 않고 처리해서 계산이 가벼워졌기 때문에 플레이 바를 재생하고 있는 동안에도 파라미터 값을 변경할 수 있습니다. 매우 직관적으로 제어할 수 있습니다.

4.2 파티클의 기본

이전 챕터 4.1의 방법만으로는 파티클을 차례로 방출시키거나 다른 오브젝트와 상호 반응하기 어렵기 때문에 이럴 때는 시뮬레이션을 합니다.

이전 버전의 「Houdini」에서 파티클 시뮬레이션은 POP 컨텍스트가 사용되었으나 현재는 파티클도 DOP으로 시뮬레이션하는 것이 일반적입니다.

또 이번 4.2절에서 하는 것처럼 단순한 실행 정도는 「Particle」 SOP에서도 가능합니다.

「Particle」 SOP은 SOP이면서도 POP이나 DOP과 마찬가지로, 위에서부터 차례대로 현재 프레임까지 계산하는 특징을 가지고 있습니다.

[1] 새로운 씬을 열고 네트워크 에디터에서 [Tab] 키를 눌러 grid 라고 입력한 후 [Enter] 키를 누릅니다.

grid라고 입력

[2] Geometry 노드가 만들어지면 이름을 WORK로 변경합니다.

WORK로 변경

[3] 만든 WORK 노드를 더블 클릭하여 안으로 들어갑니다.

[4] grid1 노드의 Size 파라미터를 {1,1}로 설정합니다.

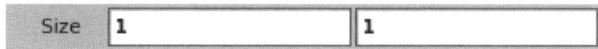

파라미터를 {1,1}로 설정

[5] 네트워크 에디터에서 [Tab] 키를 누르고 popnet이라고 입력한 후 [Enter] 키를 누릅니다.

이미 파티클의 단순한 셋업이 되어있는 「DOP Network」 SOP이 생성됩니다.

[6] 생성된 popnet 노드의 제1 입력에 grid1 노드를 연결합니다.

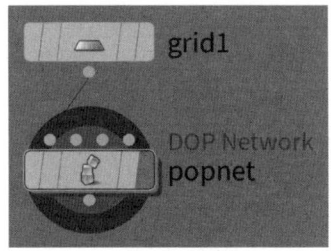

popnet의 제1 입력에 grid1을 연결

[7] popnet 노드를 더블 클릭하여 안으로 들어갑니다.

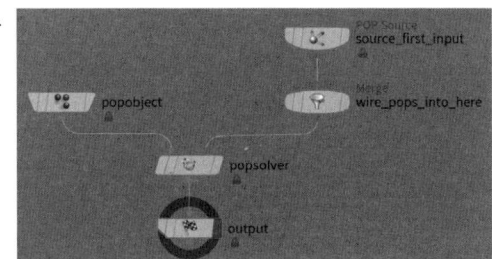

popnet 노드 안으로 들어간다.

[8] popobject 노드의 이름을 particles로 변경합니다.

이것이 이 DOP 네트워크 안에서 오브젝트를 만드는 노드이며 RBD일 때와 마찬가지로 Object Name 파라미터가 $OS로 설정되어 있기 때문에 오브젝트 이름이 particles가 됩니다.

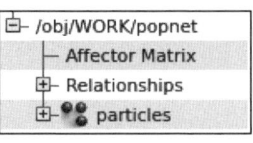

오브젝트 이름이 「particles」

[9] source_first_input 노드를 클릭하여 선택합니다.

> 이 노드에서 발생 근원(Source)의 다양한 설정을 할 수 있습니다.
> 기본(디폴트)으로 Geometry Source 파라미터가 Use First Context Geometry로 되어 있어서 이 DOP Network의 제1 입력이 발생 근원(Source) 지오메트리가 됩니다.

110

[10] Birth 탭의 Const. Birth Rate 파라미터를 100으로 설정합니다.
이 파라미터는 파티클의 발생량을 나타내는 것으로 1초마다 발생하는 파티클 개수를 나타냅니다.
참고로 Impulse Count 파라미터는 노드가 쿠킹될 때마다 발생하는 파티클의 양을 나타냅니다.

Const. Birth Rate 100

파티클의 발생량 지정

[11] Attributes 탭의 파라미터에서 Initial Velocity는 Set initial velocity로, Velocity 값은 0, 4, 0로, Variance 값은 0.5, 0.5, 0.5로 설정합니다.
이 값은 파티클의 초기 속도입니다.

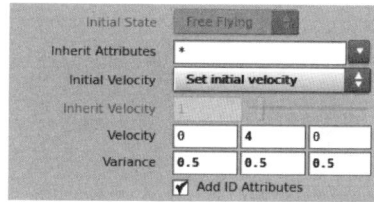

파티클의 초기 속도

 참고로 Initial Velocity를 Use inherit velocity나 Add to inherited velocity로 설정하면 발생 근원이 되는 지오메트리의 v 어트리뷰트 값이 상속됩니다.

[12] 윈도우 오른쪽 아래에 Real Time Toggle 버튼이 On으로 설정되어 있는지 확인하고 플레이 바를 재생해 봅니다.
파티클이 상승하면서 계속 발생하는 것을 알 수 있습니다.

[13] 결과를 확인했다면, 재생을 멈추고 현재 프레임을 1로 되돌립니다.

파티클이 상승하면서 발생

■ 「힘」과 「바람」의 이해

파티클뿐 아니라 다이내믹스에서 움직임을 제어할 때 사용되는 대표적인 것이 힘과 바람입니다.
물체를 힘의 영향으로 움직이는 것과 바람의 영향으로 움직이는 것은 무엇이 다른 지 확인해봅시다.

[1] 새로 「POP Force」 DOP을 만들어 source_first_input 노드 아래에 삽입합니다.

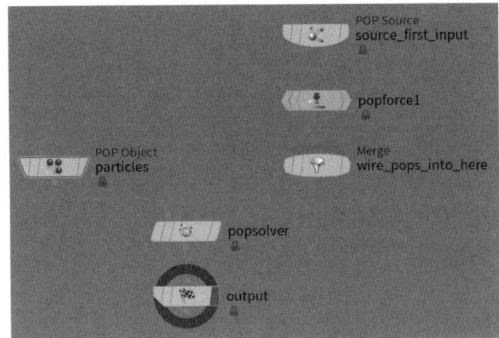

「POP Force」 DOP을 source_first_input의 아래에 삽입

[2] 만든 popforce1 노드의 Force 파라미터를 {10, 0, 0}으로 설정합니다.

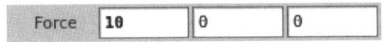

「Force」 파라미터를 {10, 0, 0}으로 설정

[3] 지오메트리 스프레드 시트를 열고 popobject 왼쪽의 + 마크를 클릭하여 확장한 다음 Geometry를 클릭합니다.
오른쪽 프레임에 SOP과 같은 상태의 스프레드 시트가 표시됩니다.

[4] 플레이 바를 재생하고 재생 중인 상태에서 v[x] 어트리뷰트의 값을 봅니다.

Node	v[x]	v[y]	v[z]
0	-0.312013	4.14013	0.192067
1	-0.191542	3.96563	0.0662615
2	-0.312884	4.07616	0.197047
3	-0.401574	4.08475	0.0652217
4	-0.39552	4.19196	0.110694
5	-0.35253	4.07053	-0.249245
6	0.260291	4.314	0.178446
7	0.00794327	3.64261	-0.0138737
8	0.356847	3.89748	0.210406
9	-0.261209	4.34236	-0.0836779
10	-0.239227	4.25215	0.355922
11	-0.0678393	4.04659	0.236023
12	0.112106	3.84292	0.340579

v[x] 어트리뷰트

v는 속도를 나타내는 Vector형 어트리뷰트로써 v[x]는 그 X 성분을 표기하고 있습니다. 물체의 질량을 무시하는 경우 힘이란 바로 가속도를 나타냅니다. 실제 값을 확인해보면, v[x]의 값이 일정한 속도로 계속 증가되고 있음을 알 수 있습니다.

[5] 결과를 확인했다면 재생을 멈추고 현재 프레임을 1로 되돌립니다.

[6] popforce1 노드를 삭제하고 새로 「POP Wind」 DOP을 만들어서 대신 연결합니다.

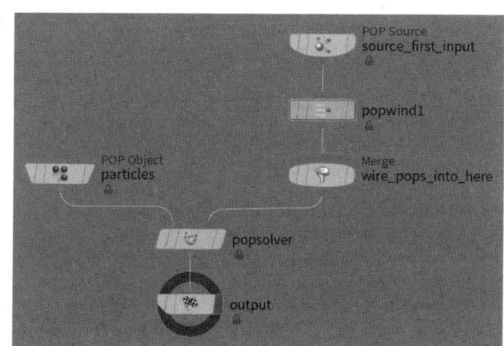

「POP Wind」 DOP을 만들어 연결

[7] 만든 popwind1 노드에서 Wind Velocity 파라미터를 {10, 0, 0}으로 설정합니다.

| Wind Velocity | 10 | 0 | 0 |

Wind Velocity 파라미터를 {10, 0, 0}로 설정한다.

[8] 플레이 바를 재생하고 재생 중인 상태에서 방금 전과 마찬가지로 지오메트리 스프레드 시트의 v[x] 어트리뷰트 값을 봅니다.

 v[x]값이 처음에는 힘의 경우처럼 가속하고 있는 것처럼 보이지만 10을 넘지 않고 점차적으로 10에 가까워지는 것을 알 수 있습니다.

바람(기류)이란 물체를 둘러싼 공기의 흐름을 말합니다. 공기가 물체를 운반하기 때문에 물체의 속도가 바람의 속도를 넘을 수 없습니다. 따라서 풍속이 10일 경우, 물체의 속도는 10을 넘지않은 채 점차적으로 10에 가까워집니다.

힘과 바람에 의한 속도 추이의 다른 점
힘의 경우 항상 가속을 계속하지만 바람의 경우
는 풍속에 점점 가까워진다.

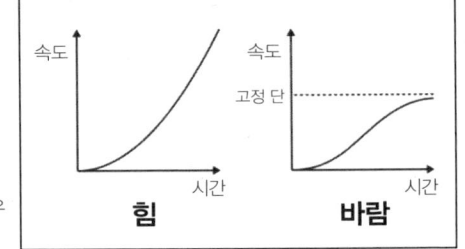

[9] 결과가 확인되면, 재생을 멈추고 현재 프레임을 1로 되돌린 후 다시 씬 뷰를 엽니다.

[10] 힘과 바람의 차이가 확인되면, popwind1 노드를 삭제합니다.

응용

- POP Wind의 경우 Point에 drag라는 Float 형 어트리뷰트를 갖게 함으로써 저항도를 조절할 수 있습니다.

■ Point 번호와 「id」어트리뷰트의 이해

[1] source_first_Input 노드의 Birth 탭에서 Life Expectancy 파라미터를 2로 설정합니다.

Life Expectancy 파라미터를 2로.

이것은 초 단위로 파티클의 수명을 나타냅니다. 수명을 넘어선 파티클은 소멸합니다.
참고로 아래의 Life Variance 파라미터에 따라 각각의 값에 불균일한 값을 가질 수도 있
습니다. 예를 들어 여기에 0.5를 설정하면 2에 0.5를 가감한 1.5~2.5 값이 랜덤으로 할
당됩니다.

[2] Ⓤ 키를 눌러 WORK 노드 안으로 되돌아갑니다.

[3] dopnet 노드에서 Object 파라미터에 particles 라고 입력합니다.

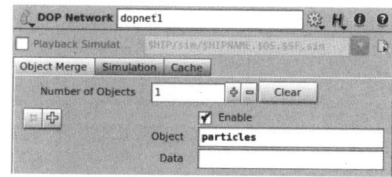

paticles를 입력

[4] 씬 뷰에서 Ⓓ 키를 눌러 Display Options 윈도를 열고, Geometry 탭에서 Point Size 값을 10으로 설정합니다.

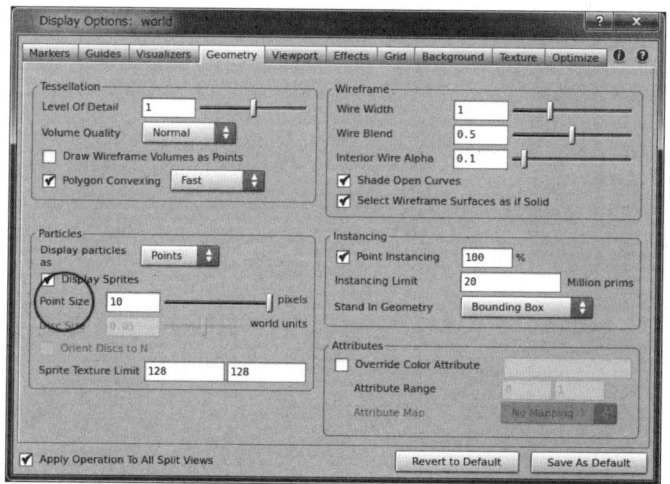

Point Size 값을 10으로 설정

 씬 뷰에서 Point의 표시 크기를 여기에서 변경할 수 있습니다.
파티클 양에 맞추어 적절히 조절하는 것이 좋습니다.

[5] 「Attribute VOP」 SOP을 새로 만든 후 제1 입력에 popnet 노드를 연결하고, 더블 클릭하여 안으로 들어갑니다.

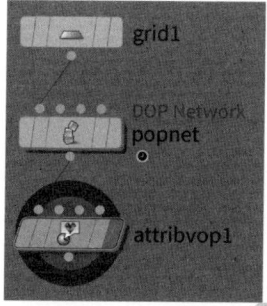

제1 입력에 「popnet」을 연결

115

[6] 새로 「Random」 VOP을 만듭니다. 입력에는 geometryvopglobal1 노드의 ptnum 출력을 연결하고, 「Random」 VOP의 출력은 geometryvopoutput1 노드의 Cd 입력에 연결합니다.

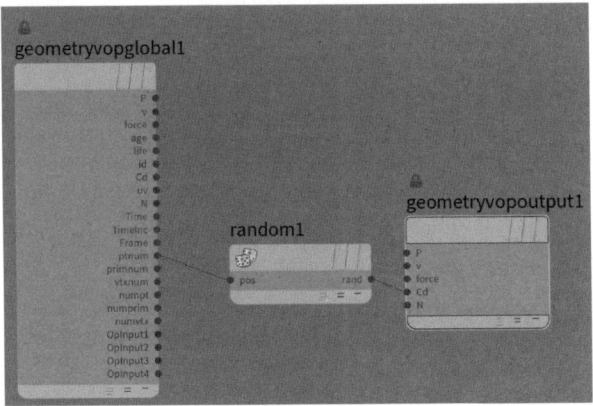

노드를 연결

[7] 만든 random1 노드의 Signature 파라미터를 1D Interger input, 3D Color로 설정합니다.

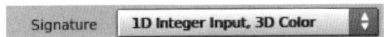

파라미터를 1D Integer input, 3D Color로 설정

이렇게 하면 「Point 번호에 따라 달라지는 랜덤 값을 Point의 색으로 설정한다」는 의미가 됩니다. 파라미터를 1D Interger input, 3D Color로 설정합니다.

[8] Ⓤ 키를 눌러 WORK 노드 안으로 되돌아갑니다.

[9] 플레이 바를 재생해봅니다.

2초 (48프레임)까지 하나의 Point는 한 가지 색을 유지한 채 움직이지만, 그 이후부터는 프레임마다 색이 변하는 것을 알 수 있습니다.

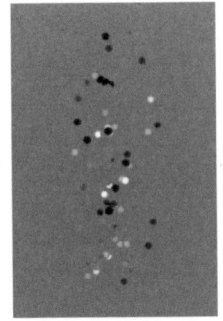

재생

Point 번호 등의 컴포넌트 번호는 반드시 0에서부터 하나씩 차례대로 할당됩니다. 같은 번호가 중복되거나, 번호를 그냥 건너뛰어 할당할 수도 없습니다. 예를 들어 모두 100개의 Point가 있다면 반드시 0부터 99까지 총 개수가 100개가 되도록 번호를 가집니다. 따라서 이 경우에서는 다른 Point가 소멸할 때마다 Point 번호가 (건너뛰는 번호가 없도록) 새롭게 재할당 됩니다.

[10] 결과를 확인했으면, 재생을 멈추고 현재 프레임을 1로 되돌립니다.

[11] 씬 뷰 오른쪽 옆의 Display Point Number 아이콘을 클릭하여 Point 번호 표시를 켜고 플레이 바에서 현재 프레임을 1 프레임씩 진행하면서 하나의 Point를 눈으로 쫓아가며 관찰해 봅니다. 확실히 Point 번호가 바뀌고 있음을 알 수 있습니다.

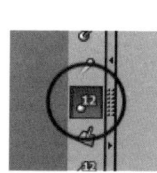 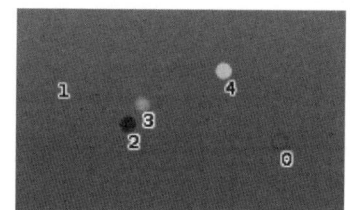

Point 번호가 바뀌고 있다.

 한편, 파티클을 만들면 자동으로 Point에 id라는 이름의 Integer 형 어트리뷰트가 생성됩니다. 이것은 point 번호와 별개로, 발생 시에 할당된 값은 다른 Point가 발생하거나 소멸하더라도 고유 번호로 유지됩니다.

[12] 지오메트리 스프레드 시트를 열고 플레이 바로 현재 프레임을 한 프레임씩 진행하면서 id 어트리뷰트의 값을 봅니다.

 2초(48프레임)까지는 왼쪽에 표시된 Point 번호와 id 어트리뷰트의 값이 일치하고 있지만, 그 이후가 되면 서로 다른 값의 차이가 나옵니다.

[13] 확인했다면 씬 뷰로 돌아와 씬 뷰 오른쪽 옆의 Display Point Number를 Off하고 현재 프레임을 1로 되돌립니다.

[14] attribvop1 노드를 더블 클릭하여 안으로 들어갑니다.

[15] random1의 입력을 geometryvopglobal1 노드의 ptnum 출력 대신 id 출력으로 바꿔줍니다. 이제 Point 번호가 아닌 id 어트리뷰트 값에 따라 다른 랜덤 값을 생성하게 됩니다.

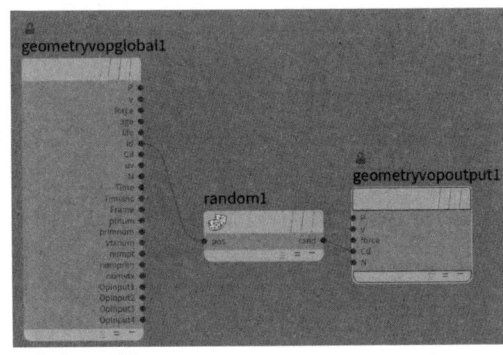

id 출력으로 전환

[16] 키를 눌러 WORK 노드 안으로 돌아옵니다.

[17] 플레이 바를 재생해봅니다.
Point가 발생과 소멸을 반복하는 동안에도한 Point는 한 가지 색을 계속 유지하고 있습니다.

> id 어트리뷰트는 파티클만이 아니라 다른 일반적인 지오메트리를 제어할 때도 필요한 경우가 있습니다. 반드시 이해하는 것이 좋습니다.

[18] 결과를 확인했으면, 재생을 멈추고 현재 프레임을 1로 되돌립니다.

■ 「DOP」으로 발생시킨 「파티클」을 「SOP」에서 제어하기

힘이나 바람을 이용하여 시뮬레이션으로 파티클을 제어할 수 있지만 파티클도 폴리곤의 Vertex와 마찬가지로 Point임에는 변함없기 때문에, 디폼(변형)을 할 수 있습니다.

그리고 시뮬레이션보다는 직접 디폼하는게 직관적이기도 하고 의도대로 제어할 수 있습니다.

[1] 「Line」SOP을 새로 만들고 Length 파라미터를 10으로, Points 파라미터를 6으로 설정합니다.

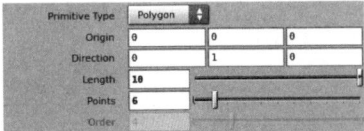

[2] 만든 line1 노드를 선택합니다.

[3] 씬 뷰에서 ② 키를 눌러 Point 선택 모드로 전환합니다.

[4] 다음으로 씬 뷰에서 ⓣ 키를 눌러 이동 모드를 선택합니다.

Point 선택 모드

[5] Point 1개를 임의로 선택하고 이동을 반복하면서 모양을 적당히 일그러뜨립니다. 자동으로 「Edit」 SOP이 만들어지고 line1 노드에 연결됩니다.

[6] 「Lattice」 SOP을 새로 만듭니다. 제1 입력에는 attribvop1 노드를, 제2 입력에는 line1 노드를, 제3 입력에는 edit1 노드를 연결합니다.

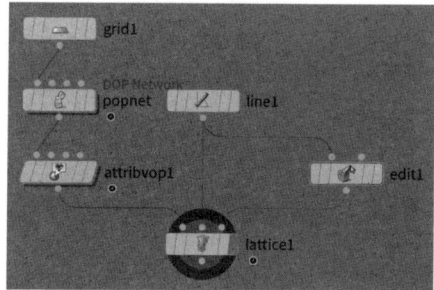

노드를 연결

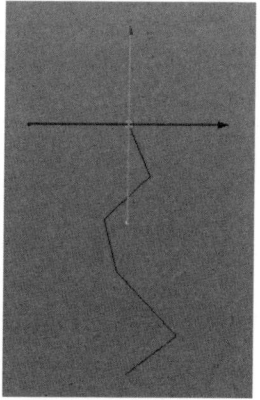

모양을 일그러뜨리기

[7] 만든 lattice1 노드에서 Points 탭의 Radius 파라미터를 3으로 설정합니다.

[8] 플레이 바를 재생합니다.

왜곡시켜 일그러뜨린 라인을 따라 파티클이 이동하게 되었습니다. 파티클을 발생시킨 뒤 SOP에서 디폼하여 매우 직관적으로 제어할 수 있는 것을 알 수 있습니다.

힌트

- 매우 가벼운 계산 처리 밖에 실행하지 않기 때문에 캐시가 잡힌 경우라면(플레이 바의 타임 라인이 파란색 상태라면), 재생하면서도 「Edit」 SOP에서 변형을 다시 할 수 있습니다. 이렇게 매우 직관적으로 제어할 수 있게 됩니다.

- 당연히 Lattice나 Edit 뿐 아니라 어떤 종류의 디폼도 가능합니다. 다른 종류의 SOP으로도 제어를 시도해 보세요.

4.3 파티클의 응용

다이내믹스를 이용하여 좀 더 복잡한 것도 가능합니다.
여기에서는 다른 오브젝트와 서로 충돌하고 분열하는 듯한 효과를 만들어 봅니다.

■ 파티클의 기본 셋업

[1] 새로운 씬을 열고 네트워크 에디터에서 `Tab` 키를 눌러 grid 라고 입력하고 `Enter` 키를 누릅니다.

grid라고 입력

[2] Geometry 노드가 만들어지면 이름을 WORK로 변경합니다.

이름을 WORK로 변경

[3] 만든 WORK 노드를 더블 클릭하여 안으로 들어갑니다.

[4] 새로 「Transform」 SOP을 만들고 입력에 grid1 노드를 연결하여 TranslateY 파라미터를 5로, Uniform Scale 파라미터를 0.8로 설정합니다.

Translate	0	5	0
Rotate	0	0	0
Scale	1	1	1
Shear	0	0	0
Pivot	0	0	0
Uniform Scale	0.8		

파라미터를 0.8로 설정

[5] 새로 「Attribute Create」 SOP을 만들어 transform1 노드 뒤에 삽입하고, Name 파라미터는 first, Type 파라미터는 Integer, Value 파라미터는 1로 설정합니다.

이 어트리뷰트 값은 나중에 바운드(Bound)되어 튀어나오는 충돌 전후의 파티클을 구분하기 위해 사용합니다.

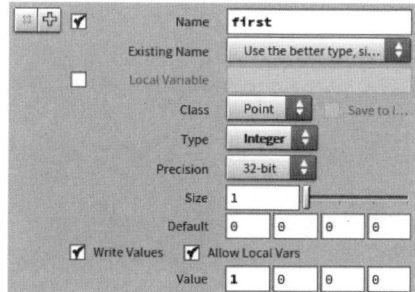

[6] 네트워크 에디터에서 Tab 키를 눌러 popnet을 입력하고 Enter 키를 누릅니다.

[7] 생성된 popnet 노드의 제1 입력에는 attribcreate1 노드를 연결하고 제2 입력에는 grid1 노드를 연결합니다.

[8] popnet 노드를 더블 클릭하여 안으로 들어갑니다.

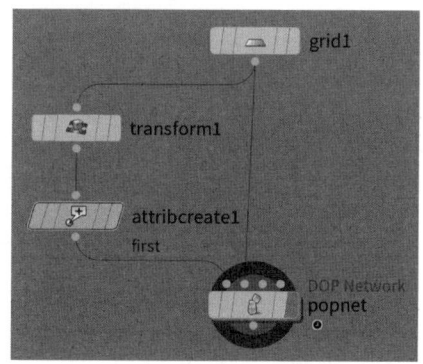

[9] popobject 노드의 이름을 particles로 변경합니다.

[10] source_first_input 노드의 파라미터에서 Birth 탭의 Const. Birh Rate 파라미터를 10으로 설정합니다.

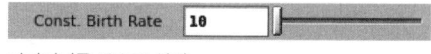

파라미터를 10으로 설정

[11] 다음으로 Attributes 탭의 Initial Velocity를 Set initial velocity으로, Velocity를 0,-5, 0으로, Variance를 0, 0, 0으로 설정합니다.

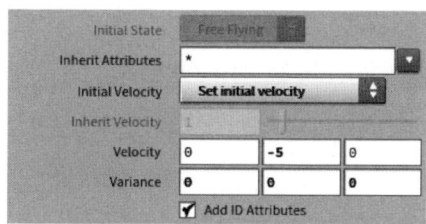

파라미터를 설정

[12] 윈도우 오른쪽 아래의 Real Time Toggle 버튼이 On으로 설정되어 있는 것을 확인하고 플레이 바를 재생해 보겠습니다.
파티클이 점차 발생하면서 아래로 떨어지는 것을 볼 수 있습니다.

[13] 결과를 확인했다면 재생을 멈추고 현재 프레임을 1로 되돌립니다.

■ 충돌의 설정

[1] 「POP Collision Detect」 DOP을 새로 만들어 source_first_input 노드 아래에 삽입합니다. 이것은 파티클의 충돌을 검출하는 노드입니다.

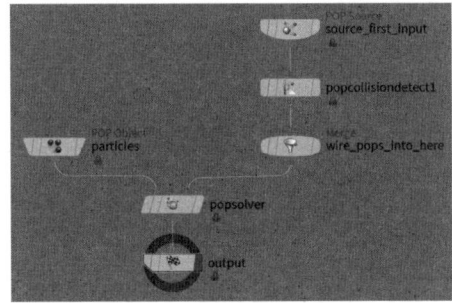

source_first_input 노드의 아래에 삽입

[2] 만든 popcollisiondetect1 노드의 Collision Target 파라미터를 Second Context Geometry로 설정합니다. 이에 따라 DOP 네트워크의 제2 입력에 연결한 지오메트리 즉, 이동 전의 grid1 노드가 충돌의 대상이 됩니다.

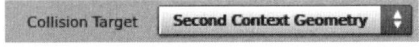

Second Context Geometry로 설정

[3] 플레이 바를 재생해봅니다.

기본적으로 충돌이 검출되면 Point가 빨간색이 되도록 설정되어 있기 때문에 충돌 후 파티클이 빨간색으로 변합니다.

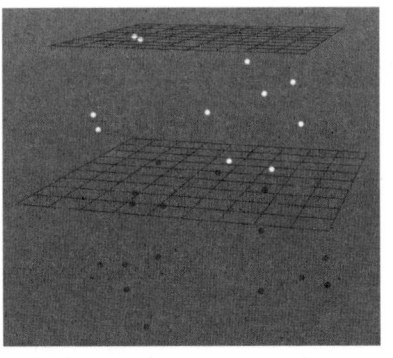

grid1 노드와 transform1 노드의 템플릿 플래그를 「On」으로 표시한 예

[4] 결과를 확인했다면 재생을 멈추고 현재 프레임을 1로 되돌립니다.

[5] popcollisiondetect1 노드의 Behavior 탭에서 Response 파라미터를 Die로 설정합니다. 충돌이 감지되면 파티클이 소멸하도록 설정이 되었습니다.

「Die」로 설정

- 이 노드에서 충돌 후 표면을 타고 미끄러지는 듯한 표현 등도 가능하지만, 충돌 후 바운드(Bound)를 시키고 싶은 경우에는 단단한 물체에서의 경우와 마찬가지로 「Merge」 DOP에서 Collide 관계(Relationship)로 묶어줍니다. (p.82 참조)

[6] popsolver 노드의 update 탭에서 Reap Particles 파라미터가 On으로 설정되어 있는지 확인합니다.

파티클은 만들어진 단계에서 이미 dead라는 이름의 어트리뷰트를 가지고 있습니다. 원래는 0 값이 들어 있고, 소멸하는 프레임에서는 값이 1입니다. 그리고 이 설정이 On으로 되어 있으면 dead 값이 1인 파티클이 실제로 삭제되고 소멸됩니다.

[7] 동일하게 popsolver 노드에서 update 탭의 Reap At Frame End 파라미터가 On으로 설정되어 있는지 확인합니다.

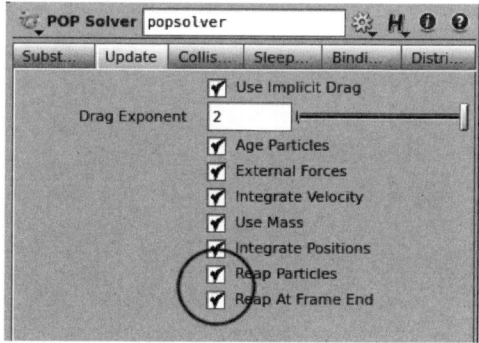

Reap At Frame End 파라미터를 확인

이 설정은 하나의 프레임을 처리할 때 다른 모든 계산이 끝나고 나서 마지막에 파티클을 삭제하겠다는 설정입니다. 따라서 「소멸을 설정하는」 단계와 「실제 소멸하는」 단계 사이에 다른 계산이 진행될 수 있다는 뜻이 되기도 합니다.

이 사이 여유를 이용하여 소멸하는 파티클로부터 「분열」을 시켜 봅시다.

Reaping 처리의 간이 흐름도
소멸이 설정되고부터 실제 소멸하기까지의 사이에 다른 처리를 실행할 수 있는 여유 공백이 존재한다.

[8] POP Group 노드를 새로 만들어서 popcollisiondetect1 노드 뒤에 삽입하고 Group Name 파라미터에는 deadGrp 라고 입력합니다.

[9] 만든 popgroup1 노드의 Rule 탭에서 Enable 파라미터를 On으로 설정하고, 그 아래 필드에 원래 입력되어 있던 문자열을 삭제한 후 `ingroup=@first==1&&@dead==1;`으로 입력하고 Ctrl+Enter 키를 누릅니다.

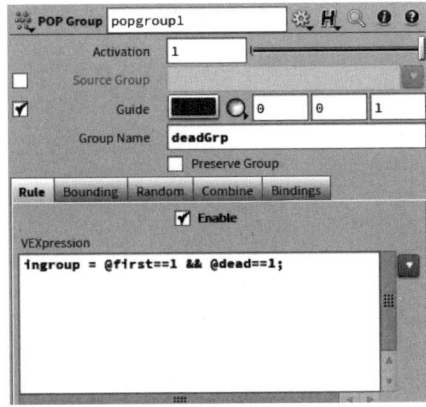

「ingroup=@first==1&&@dead==1;」 입력

이 문자열의 의미는 「first와 dead라는 어트리뷰트의 값이 1인 것을 Group에 포함시킨다」는 의미입니다. 이에 따라 충돌 판정을 받고 소멸하도록 설정된 파티클을 포함하는 deadGrp라는 Group이 만들어졌습니다.

제 4 장 파티클의 제작

> **힌트**
>
> • 여기에서 입력한 내용은 VEXpression이라는 종류의 Expression입니다. 이 책에서는 자세한 설명을 생략하고 있지만, DOP에서 특히 파티클을 자유자재로 조종하기 위해 매우 중요한 부분이므로 반드시 매뉴얼을 참고하면서 문법과 활용법을 배우고 기억하시기 바랍니다.

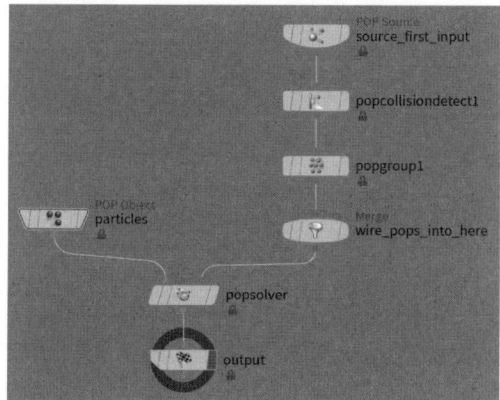

이제까지의 노드

■ 분열의 설정

[1] 「POP Source」 DOP을 새로 만들어서 Source 탭의 Emission Type 파라미터를 Points로 두고, Geometry Source 파라미터를 Use DOP Objects로 설정합니다.

[2] 이어서 DOP Object 파라미터에 particles라고 입력하고 Source Group 파라미터에는 deadGrp 라고 입력합니다.

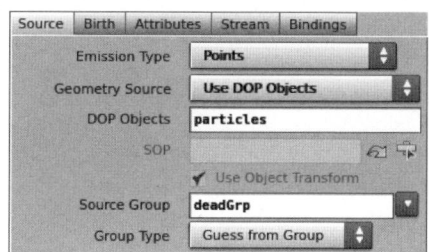

「deadGrp」라고 입력

[3] Birth 탭의 Impulse Count에 10을 입력하고, Const. Birth Rate는 0으로 설정합니다. 다음 Attributes 탭의 Initial Velocity를 Set initial velocity로 두고 Velocity는 {0, 2, 0}으로, Variance는 {1, 0, 1}로 설정합니다.

125

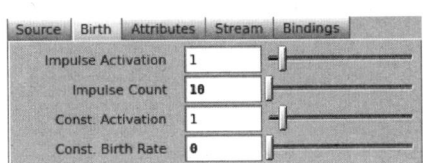 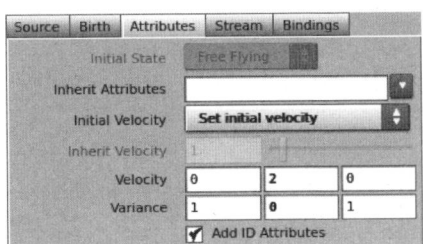

파라미터를 설정

[4] Inherit Attributes 파라미터에 원래 입력되어 있는 문자열(" * ")을 삭제하고 공란으로 비워둡니다. 이란을 비워두지 않으면, 분열 후 파티클에 dead 어트리뷰트가 계승되면서 탄생과 동시에 소멸하게 됩니다. 또한, 비워둔 덕분에 first 어트리뷰트의 값도 0이 되어 바운드(Bound) 전과 후의 구별이 가능해집니다.

[5] popsource1 노드의 출력을 wire_pops_into_here 노드로 연결합니다.
이 노드는 단순한 「Merge」 DOP 입니다. 두 개의 서로 다른 스트림(Stream)에서 동시에 파티클이 발생됩니다.
(※역자주 : 스트림은 노드와 노드 간 연결의 이어진 흐름을 일컫는 말입니다. 다른 말로는 파이프라고 표현되기도 합니다)

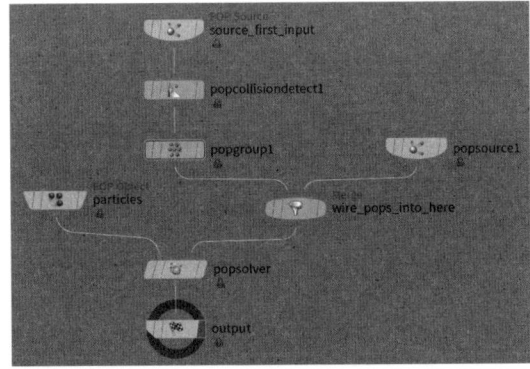

popsource1의 출력을 wire_pops_into_here로 연결

[6] 플레이 바를 재생해 봅니다.
충돌하고 소멸하기 직전의 파티클로부터 다른 파티클이 발생하고 있는 것을 알 수 있습니다.

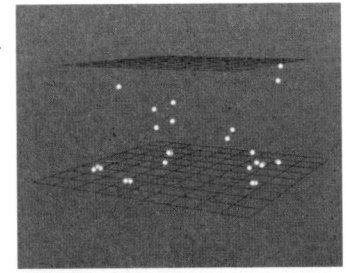

[7] 결과를 확인했다면, 재생을 멈추고 현재 프레임을 1로 되돌립니다.

[8] 「POP Force」 DOP을 새로 만들어서 Force Y 파라미터 값을 −9.8로 설정하고 popsource1 노드 뒤에 삽입합니다. 발생한 파티클이 자연스럽게 아래로 떨어집니다.

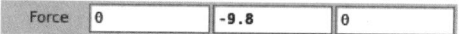

파라미터 값을 「−9.8」로 설정

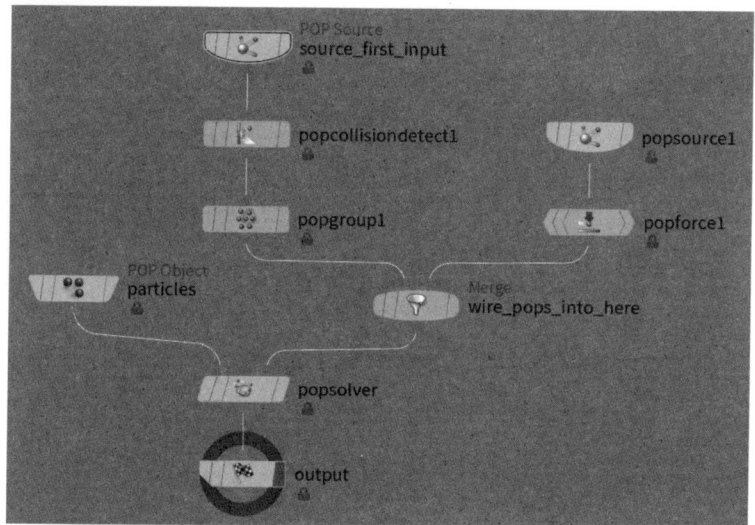

여기까지의 노드

(※역자주 : 「9.8」이라는 수는 실제 물리 현상에서 자주 인용되는 지구의 중력값인 9.8kg을 의미합니다. 물리적으로 자연스러운 낙하를 위해 자주 쓰이는 값이므로 굳이 일부러 외워두려 하지 않아도 자연스럽게 자주 접하게 될 숫자입니다.)

[9] 플레이 바를 재생해보겠습니다.

땅에 맞고 반동으로 튕겨 오르는 비 같은 느낌의 효과가 생겼습니다.

응용

- 사소한 계산 오류로 인해 지금 상태를 그냥 두면 만들어진 파티클이 곧 사라질 수 있습니다. 이럴 때는 어떤 값보다 큰 age 어트리뷰트 값을 가진 파티클을 포함시키는 새로운 Group을 만들고 그 Group에서만 충돌 을 검출하는 방법으로 이런 현상을 방지할 수 있습니다. 자세한 것은 예제데이터 (chapter4-3.hipnc)를 참조하세요.

4.4 파티클의 렌더링

■ 「파티클」의 기본 렌더링

[1] 새로운 씬을 열고 네트워크 에디터에서 [Tab] 키를 눌러 grid라고 입력한 다음 [Enter] 키를 누릅니다.

「grid」라고 입력

[2] Geometry 노드가 만들어지면 이름을 WORK로 변경합니다.

이름을 「WORK」로 변경

[3] 만든 WORK 노드를 더블 클릭하여 안으로 들어갑니다.

[4] 「Scatter」 SOP을 만들고 입력에 grid1 노드를 연결합니다.

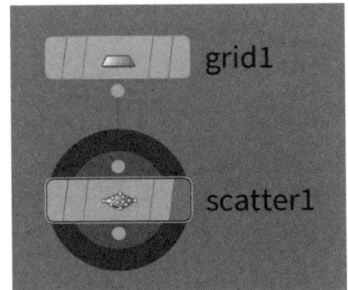

입력에 「grid1」을 연결

[5] Add SOP을 만들고 입력에 scatter1 노드를 연결합니다.

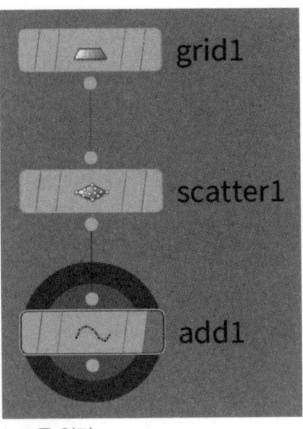

노드를 연결

[6] 만든 add1 노드의 Particles 탭에서 Add Particle System 파라미터를 On으로 설정합니다. 이렇게 하면 「Particle System」이라는 종류의 Primitive가 추가되면서 Point가 파티클로 인식됩니다.

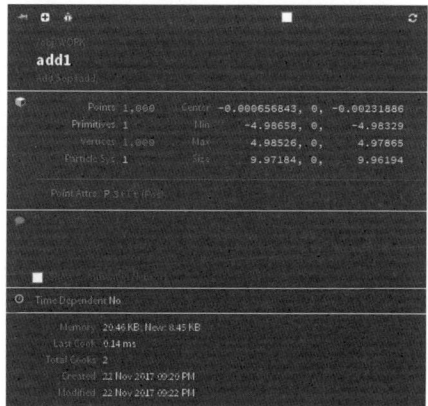

Add Particle System을 On으로 한다.

[7] 적당한 카메라와 라이트를 준비합니다. (2.3 「기본적인 렌더링」 편 참조).

[8] 새로 Attribute Expression SOP을 만들고 제1 입력에 add1 노드를 연결합니다.

[9] 만든 attribexpression1 노드에서 Attribute 파라미터는 Scale(pscale)로, VEXpression 파라미터는 value로, Constant Value 파라미터는 0.01로 설정합니다.

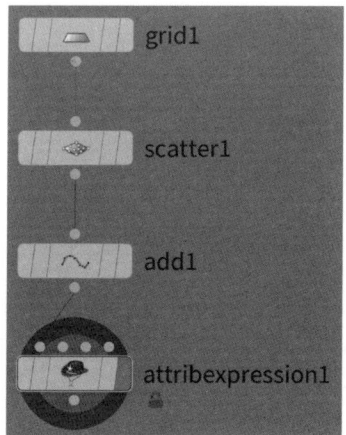

제1 입력에 add1을 연결

[10] pscale이라는 이름의 Float 형 어트리뷰트가 모든 Point에 만들어졌습니다.

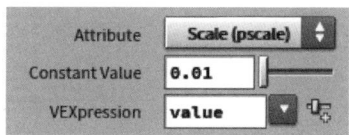

파라미터 값을 0.01로 한다

Point가 pscale이라는 Float 형 어트리뷰트를 가지고 있으면, pscale 값이 그 Point의 크기로 인식됩니다.

	P[x]	P[y]	P[z]	pscale
0	-3.01379	0.0	-3.64271	0.01
1	-0.675332	0.0	-1.22338	0.01
2	-1.54482	0.0	0.90357	0.01
3	1.84248	0.0	2.74342	0.01

pscale을 가지고 있다.

[11] 렌더링을 해봅니다.
작은 파티클로 렌더링 되었습니다.

[12] Scale 파라미터를 다른 적당한 값으로 변경하면서 렌더링을 여러 번 반복해 보고, 이 값에 따라 파티클의 크기가 변하는 것을 확인합니다.

렌더링

응용

- 「Attribute Expression」 SOP은 자주 사용하는 어트리뷰트를 쉽게 작성하고 변경할 수 있기 때문에 편리한 노드이지만 복잡한 계산을 하는데는 그다지 적합하지 않습니다. 여력이 된다면 VEXpression의 문법을 익히고, 어트리뷰트를 작성하고 변경하는 것에는 「Attribute Wrangle」 SOP과 같은 것을 사용하세요. 더 복잡한 계산도 원활하게 할 수 있습니다.

■ 「파티클」의 기본 렌더링

파티클을 선(Line)이나 원기둥(Cylinder/Tube) 같은 형태로 렌더링하는 것도 가능합니다.

[1] 「Primitive」 SOP을 만들고 제1 입력에 attribexpression1 노드를 연결합니다.

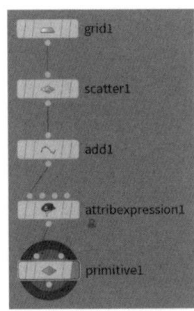

제1 입력에 「attribexpression1」을 연결

[2] primitive1 노드에서 Particles 탭의 Particle Render Type 파라미터를 On으로 설정하고 Particle Type 파라미터를 Render as capped tubes로 설정합니다.

Render as capped tubes로 설정

힌트

- 여기에도 Particle Size라는 파라미터가 있지만, Point가 pscale 어트리뷰트를 가지고 있는 경우 그 값이 우선되기 때문에 이 파라미터의 값은 무시됩니다.

 선(Line)이나 실린더(Cylinder/Tube) 같은 형태로 렌더링하는 경우 외에도 방향과 길이를 나타내는 벡터 정보가 필요합니다. 예로, Point가 속도를 나타내는 「v」라는 Vector 형 어트리뷰트를 가지고 있으면, 그 값이 선(Line)이나 원기둥(Cylinder/Tube)의 방향과 길이로 인식됩니다.
파티클을 만드는 방법에 따라 속도를 나타내는 「v」어트리뷰트를 이미 가지고 있는 경우도 있지만, 여기에서는 가지고 있지 않기 때문에 직접 설정해야 합니다.

[3] attribexpression1 노드에서 Attribute VEXpressions 파라미터를 2로 설정하고 새로 나타난 Attribute 파라미터를 Velocity(v)로 설정합니다. 이어서 VEXpression 파라미터를 value로 하고, Constant Value 파라미터를 {0,5,0}으로 설정합니다.

[4] 「v」라는 이름의 Vector 형 어트리뷰트가 모든 Point에 만들어졌습니다. 이 벡터의 길이가 그대로 실린더(Cylinder)의 길이가 됩니다.

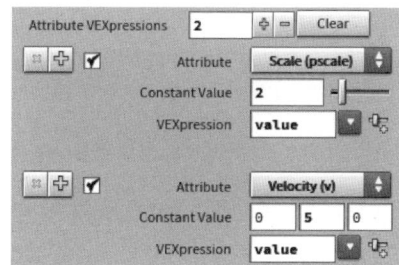

값을 {0, 5, 0}로 설정

[5] 다시 렌더링을 해봅니다.
위로 향한 실린더로 파티클이 렌더링 되었습니다.

렌더링

응용

- 「Primitive」SOP의 Particle Type을 변경하고 지오메트리 스프레드 시트를 확인해도 아무 표시도 나오지 않으므로 어디에 정보를 가지고 있는지 의문을 가질 지도 모릅니다. 그러나 숨어 있을 뿐, 이것도 역시 어트리뷰트를 가지고 있습니다. 지오메트리 스프레드 시트의 Primitive 모드에서 위의 Intrinsics라고 써 있는 풀다운(Pulldown) 메뉴에서 part_type을 클릭하면 표시를 볼 수 있습니다.

■「Sprite」의 렌더링

다음은 Sprite 방식으로 렌더링을 해봅니다.

Sprite란 2차원 이미지를 하나의 파티클로 할당하여 렌더링하는 방법입니다.

[1] attribexpression1 노드 Scale의 Constant Value 파라미터를 0.2로 설정합니다.

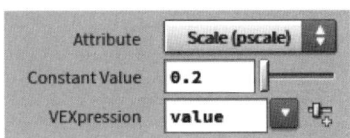

파라미터를 0.2로 설정

[3] 「Sprite」 SOP을 만들고 Sprite Scale 파라미터의 체크 박스를 On으로 설정한 후 입력에 primitive1 노드를 연결합니다.
파티클이 연기(Smoke) 같은 이미지로 표시됩니다.

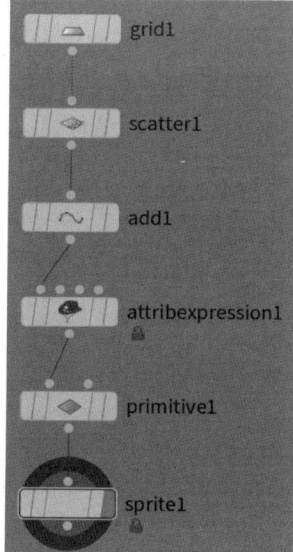

primitive1을 연결

힌트

- 만약 표시되지 않을 경우 씬 뷰에서 W 키를 누르거나 또는 씬 뷰 오른쪽 위의 아이콘을 클릭하여 Smooth Shaded 표시로 설정합니다. 그래도 표시되지 않는 경우는 씬 뷰에서 D 키를 눌러 나오는 Display Options에서 Geometry 탭의 Display Sprites를 On으로 설정합니다.

[4] U 키를 눌러 /obj 로 돌아갑니다.

[5] WORK 노드의 Render1 탭에서 Material 파라미터 가장 오른쪽의 노드 선택 버튼을 누르고 Choose Operator 윈도우를 엽니다.
가장 하단의 Export Relative Path를 On으로 설정합니다. 그리고 /obj/WORK/sprite1/shopnet1에 있는 spritefog를 선택하고 Accept 버튼을 클릭합니다.

spritefog를 선택

[6] 다시 렌더링을 해봅니다.
각각 파티클의 위치에 연기 이미지가 할당되어 렌더링 되었습니다.

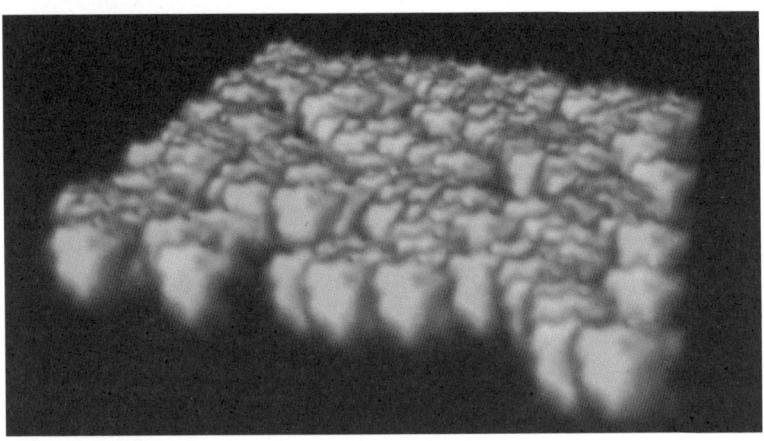

연기 이미지가 할당되었다.

힌트

- 직접 적당한 이미지를 준비해서 sprite1 노드의 Sprite Map 파라미터를 그 이미지의 경로로 변경해 봅시다. 기본적으로는 어떤 이미지라도 사용할 수 있습니다. 예로 별표나 하트 마크같은 이미지를 사용하여 대중적인 효과를 쉽게 만들 수도 있습니다.

응용

- 이미지를 사용하는 방법 외에 쉐이더에서 노이즈를 설정하여 파티클마다 다른 패턴의 노이즈가 할당되도록 할 수도 있습니다. 이렇게 하면 좀 더 자연스러운 연기를 표현할 수 있습니다.

제 5 장

액체의 제작

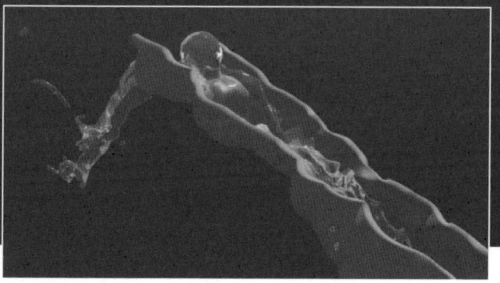

경사를 따라서 힘차게 흐르는 액체나, 수조에 들어간 액체가 자유자재로 움직이는 모습을 제작합니다.

(역자주 : Fluid가 액체만을 표현하기 위한 것으로 혼동하기 쉽지만, Fluid dynamics는 액체 이외에 gas나 air의 flow 등 액체 이외의 다양한 것을 다룹니다)

5.1 「액체」 만들기

「Houdini」에서 액체를 표현하기 위한 계산 방식으로는 「SPH」와 「FLIP」이 있습니다.

「SPH」는 「입자법 : 파티클 메소드(Particle Method)」라고 부르는 방법의 하나로 개별 파티클의 움직임을 계산하여 액체를 시뮬레이션 합니다. 주로 작은 물잔에 따르는 물처럼 소규모 시뮬레이션에 적합합니다.

「FLIP」은 「격자법 : 래티스 메소드(Lattice Method)」라고 부르는 「복셀(Voxel)」을 사용한 계산 방법과 위의 파티클 메소드 방법의 하이브리드(hybrid) 방식으로, 효율적으로 액체를 시뮬레이션합니다.

주로 폭포나 강 같은 대규모 시뮬레이션에 적합합니다.
여기에서는 「FLIP」을 사용하여 액체를 만들어 보겠습니다.

■ 충돌용 오브젝트 만들기

[1] 새로운 씬을 열고 네트워크 에디터에서 [Tab] 키를 눌러 「tube」라고 입력한 후 [Enter] 키를 누릅니다.

「tube」라고 입력

[2] Geometry 노드가 만들어지면 WORK로 이름을 변경합니다.

이름을 「WORK」로 변경

[3] WORK 노드를 더블 클릭하여 안으로 들어갑니다.

[4] tube1 노드에서 파라미터의 Primitive Type는 Polygon으로, Orientation은 X Axis로, Height는 10으로, Rows는 100으로, Columns는 64로 설정합니다.

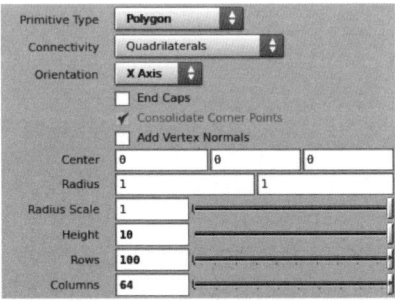

파라미터를 설정

[5] 「clip」 SOP을 새로 만들고 입력에 tube1 노드를 연결합니다.

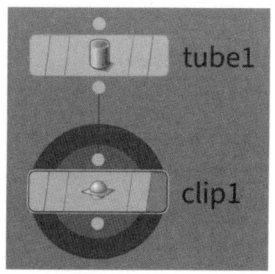

입력에 tube1을 연결

[6] clip1 노드의 Keep 파라미터를 Primitives Below the Plane로 설정합니다.
실린더의 상단부분 절반이 삭제되었습니다.

| Keep | **Primitives Below the Plane** |

Primitives Below the Plane으로 설정

[7] 「Mountain」 SOP을 새로 만들고 입력에 clip1 노드를 연결합니다.
실린더에 노이즈 효과가 들어가서 물컹한 느낌의 형태가 되었습니다.

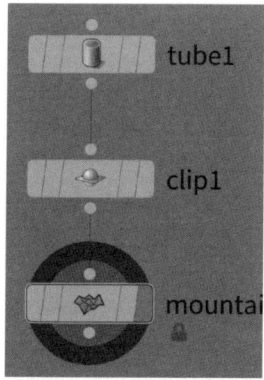

입력에 clip1을 연결

[8] 「Poly Extrude」 SOP을 새로 만들고 제1 입력에 mountain1 노드를 연결합니다.

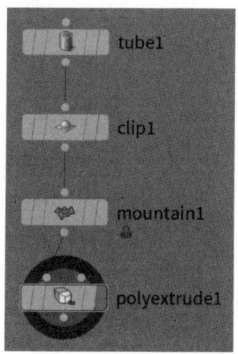

제1 입력에 「mountain1」을 연결

[9] polyextrude1 노드의 파라미터에서 Distance를 0.2로 하고, Output Back을 On으로 설정합니다. 원기둥에 두께 값이 주어졌습니다.

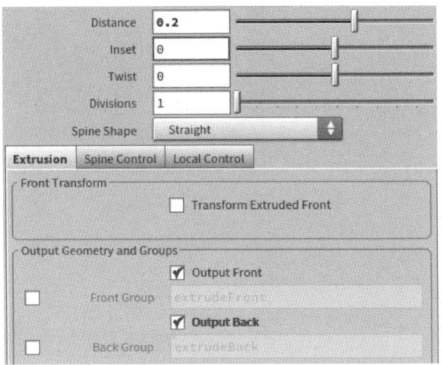

[10] 「Transform」 SOP을 새로 만들고 입력에 polyextrude1 노드를 연결합니다.

[11] transform1 노드의 Rotate Z 파라미터를 30으로 설정합니다. 실린더가 비스듬히 기울었습니다.

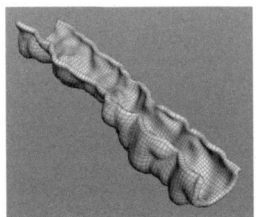

실린더가 비스듬히 기울어진 모습

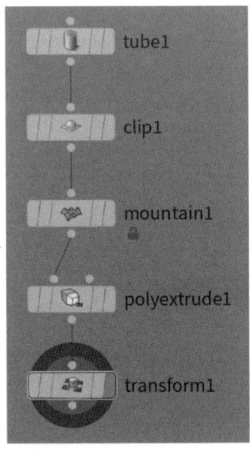

입력에 polyextrude1을 연결

■ 계속해서 방출되는 FLIP의 기본 셋업

[1] 「Sphere」 SOP을 새로 만들고 Center 파라미터를 {3.5, 2, 0}으로, Uniform Scale 파라미터를 0.5로 설정합니다.

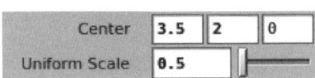

파라미터를 {3.5, 2, 0}으로 설정

제 5 장   액체의 제작

[2] 「Points from Volume」 SOP을 새로 만듭니다. 입력에 sphere1 노드를 연결하고, Jitter Scale 파라미터를 1로 설정합니다.

파라미터를 1로 설정

[3] 「DOP Network」 SOP을 새로 만들고 제1 입력에 pointsfromvolume1 노드를, 제2 입력에 transform1 노드를 연결합니다.

[4] dopnet1 노드를 더블 클릭하여 안으로 들어갑니다.

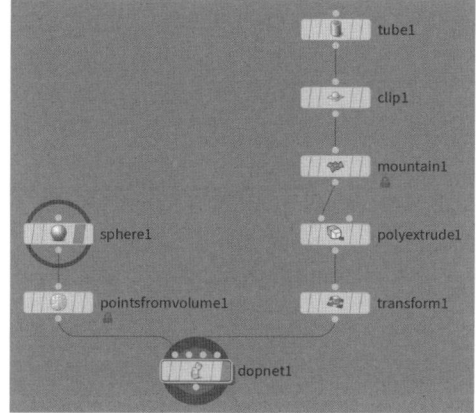
노드를 연결

[5] 「Flip Object」 DOP을 새로 만들고, Initial Data 탭에서 SOP Path 파라미터의 원래 입력된 문자열을 삭제하고 빈칸으로 비워 둡니다.
초기 상태에서는 액체가 존재하지 않게 되었습니다.

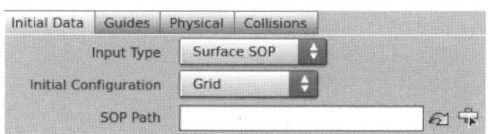
문자열을 삭제하고 빈칸으로 둔다.

[6] 「Flip Solver」 DOP을 새로 만듭니다. 제1 입력에 flipobject1 노드를 연결하고, 출력을 output 노드에 연결합니다.

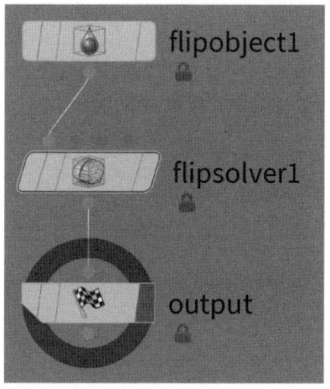
제1 입력에 flipobject1을 연결하고, 출력을 output에 연결

[7] 「Source Volume」 DOP을 새로 만들고 출력을 flipsolver1 노드의 제4입력에 연결합니다.

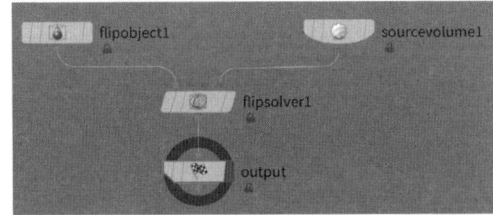

출력을 flipsolver1의 제4입력에 연결

[8] sourcevolume1 노드의 Initialize 파라미터를 Source FLIP으로 설정합니다. 몇가지 파라미터가 FLIP 용으로 자동 변경되었습니다.

파라미터를 Source FLIP으로 설정

[9] Volume Path 파라미터에 `opinputpath("..", 0)`을 입력합니다. 자동으로 pointsfromvolume1 노드의 경로가 설정됩니다.

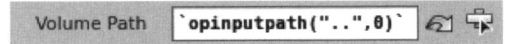

파라미터에 `opinputpath("..", 0)`라고 입력

힌트

- 「Source Volume」 DOP 대신 제4장에서 사용한 「POP Source」 DOP을 사용할 수 있습니다. 수명과 초기 속도 등을 세세하게 설정하고 싶으면 이쪽을 사용하는 편이 더 좋습니다.

[10] 「Gravity Force」 DOP을 새로 만듭니다. 제1 입력에 flipsolver1 노드를 연결하고 출력을 output 노드에 연결합니다.

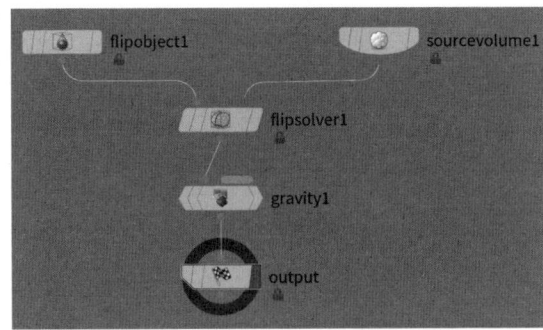

제1 입력에 flipsolver1을 연결하고, 출력을 output에 연결

[11] 윈도우 오른쪽 아래의 Real Time Toggle 버튼이 On으로 설정되어 있는 것을 확인하고 플레이 바를 재생해봅니다.
파티클이 액체처럼 수직으로 흘러 내려갑니다.

[12] 결과를 확인했다면, 재생을 멈추고 현재 프레임을 1로 되돌립니다.

■ 충돌용 지오메트리의 설정

[1] 「Static Object」 DOP을 새로 만들고, SOP Path 파라미터에 `opinputpath("..", 1)`을 입력합니다. transform1 노드의 경로가 자동으로 설정됩니다.

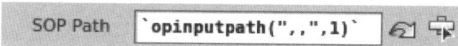

파라미터에 `opinputpath("..", 1)` 이라고 입력

[2] 「Static Solver」 DOP을 새로 만들고 제1 입력에 staticobject1 노드를 연결합니다.

[3] 「Merge」 DOP을 새로 만듭니다. 입력에 staticsolver1 노드와 flipsolver1 노드를 차례로 연결하고 출력을 gravity1 노드의 제1 입력에 연결합니다.

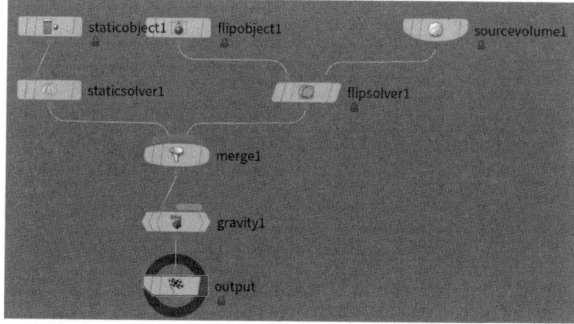

노드를 연결

[4] staticobject1 노드의 Display Geometry 파라미터를 Off로 설정합니다.
또, Collisions 탭 〉 RBD Solver 탭 〉 Volume 탭에서 Collision Guide 파라미터를 체크하여 On으로 설정합니다. 그리고 Division Method 파라미터를 By Size로 설정합니다.

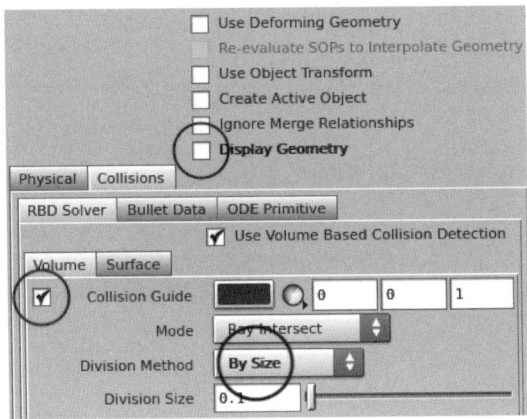

파라미터를 설정

 표시된 가이드가 충돌 계산에 이용되는 지오메트리 입니다.

이 지오메트리를 생성하기 위한 정밀도가 낮으면 충돌이 제대로 이루어지지 않습니다. 이전에 언급하지 않았지만, 이는 RBD 등 다른 지오메트리에서도 마찬가지입니다.

이 복셀의 해상도를 결정하는 파라미터는 여기저기 곳곳에 있어서, 퀄리티와 계산시간에

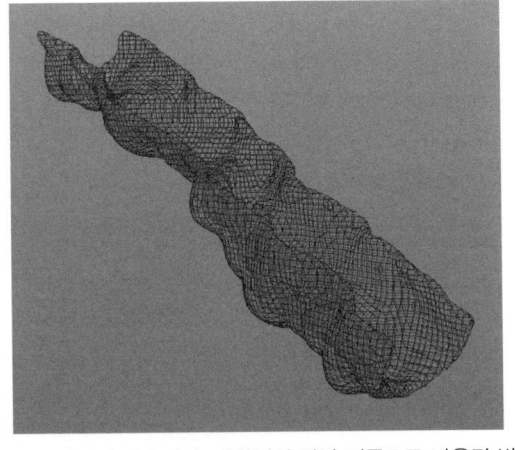

따라 값을 설정하거나 변경할 기회도 상당히 많습니다. 대략적인 판단 기준으로 바운딩 박스 크기가 변해도 퀄리티를 일정하게 할 경우에는 By Size로, 계산시간을 일정하게 할 경우에는 Max Axis나 Non Square로 설정합니다.

[5] 플레이 바를 재생해보겠습니다.
지오메트리에 충돌하면서 파티클이 계속 흐르는 것을 알 수 있습니다.

[6] 결과를 확인했다면, 재생을 멈추고 현재 프레임을 1로 되돌립니다.

제 5 장 액체의 제작

힌트

- 씬 뷰에서 W 키를 눌러 포인트(Point) 표시와 구체의 Sprite 표시로 바꿀 수 있습니다. Sprite 표시가 너무 커서 보기 힘든 경우 flipobject1 노드의 Guides 탭 안에서 Particles 탭의 Scale 파라미터 값을 변경합니다.

■ 액체의 정밀도 설정

[1] U 키를 눌러 일단 WORK 노드 안으로 돌아갑니다.

[2] pointsfromvolume1 노드의 Point Separation 파라미터 값을 0.05로 설정합니다. 이 값이 작으면 작을수록 정밀도가 높아져 그만큼 계산 시간도 오래 걸리게 됩니다.

파라미터 값을 0.05로 설정

[3] 값을 변경한 pointsfromvolume1 노드의 Point Separation 파라미터에서 마우스 오른 클릭하여 Copy Parameter를 선택합니다.

[4] dopnet1 노드를 더블 클릭하여 안으로 들어갑니다.

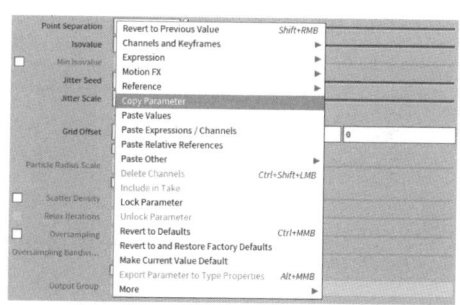

Copy Parameter를 선택

[5] flipobject1 노드의 Particle Separation 파라미터에서 오른 클릭하고, Paste Relative References를 선택합니다.

이제 두 파라미터의 값이 항상 동일하도록 맞추어집니다.

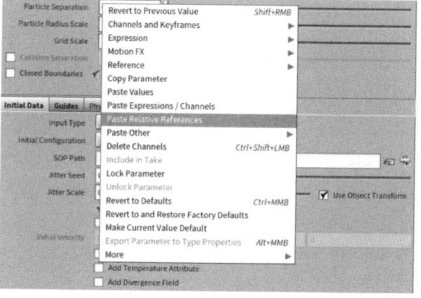

143

[6] 플레이 바를 재생하여 결과를 확인해 봅시다.
전보다 파티클 수도 많고, 액체의 정밀도가 높아졌음을 알 수 있습니다.

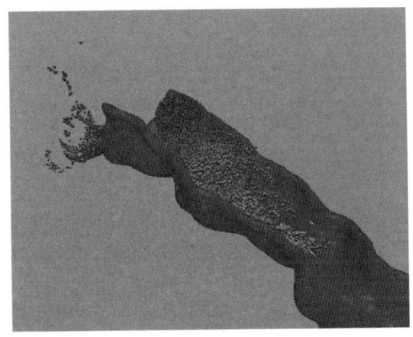

[7] 결과를 확인했다면, 재생을 멈추고 현재 프레임을 1로 되돌립니다.

■ 「파티클」을 Polygon으로 변환하기

[1] flipobject1 노드의 이름을 water로 변경합니다.
이제 파티클 오브젝트의 이름이 water가 되었습니다.

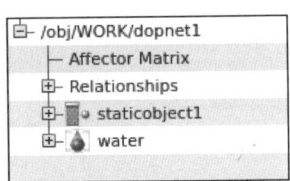

이름을 water로 변경

[2] ⓤ 키를 눌러 WORK 노드 안으로 돌아갑니다.

[3] dopnet1 노드에서 Object Merge 탭의 Object 파라미터에 water를 입력합니다.
water 오브젝트만 골라내게 되었습니다.

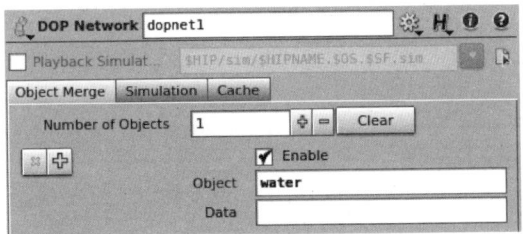

파라미터에 water라고 입력한다.

응용

- 동시에 필드 데이터도 뽑고 싶은 경우에는 그것도 별도로 지정해야 합니다. 「필드」에 관한 설명은 다음 장을 참조하세요.

[4] 「Particle Fluid Surface」 SOP을 새로 만들고 제1 입력에 dopnet1 노드를 연결합니다.

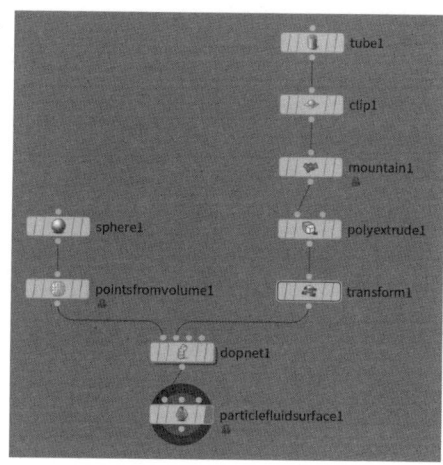

제1 입력에 dopnet1을 연결한다.

[5] Particle Separation 파라미터에서 오른쪽 클릭하고, Paste Relative References를 선택합니다.

만약 도중에 씬을 다시 열었다면, pointsfromvolume1 노드의 Point Separation 파라미터에서 오른쪽 클릭하고, Copy Parameter를 다시 선택한 후 실행하세요.

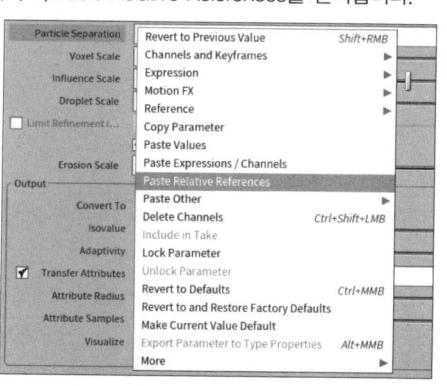

Paste Relative References를 선택

[6] 이제 파티클 유체(Fluid)가 Polygon으로 변환되었습니다.

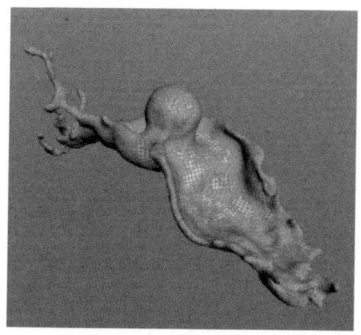

Polygon으로 변환된 파티클 유체

145

■ 디스크 캐시의 이용

지금까지는 결과를 확인할 때마다 여기까지의 계산을 매번 다시 하지 않으면 안되었습니다. 그러면 이번에는 지오메트리 정보를 디스크에 저장해봅시다.

[1] 「File Cache」 SOP을 새로 만들고 입력에 particlefluidsurface1 노드를 연결합니다.

[2] filecache1 노드의 Geometry File 파라미터에서 오른 버튼을 클릭하고, 캐시를 저장할 경로를 선택합니다. 이름의 끝을 「.$F4.bgeo.sc」으로 합니다.
「$F4」는 출력 후 프레임 번호에 4자리로 자릿수를 맞춘 문자열이 들어가라는 표기입니다. 당연히 이 표기는 이미지를 렌더링할 때도 이용할 수 있습니다.

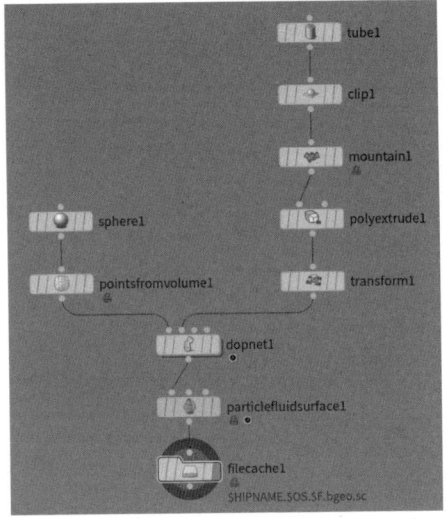

※ 이 책의 내용을 그대로 진행하고 있다면 약 50MB 이하로 끝나겠지만, 캐시를 출력할 때는 디스크 용량에 여유 공간이 충분히 있는지를 항상 확인하세요.

[3] Ctrl + Shift 키를 누른 채 「Start / End / Inc」 파라미터의 레이블을 클릭하여 Expression 적용을 해제하고, End(가운데 파라미터)를 48로 설정합니다.
이렇게 하면 1~48프레임만 저장됩니다. 더 많은 프레임을 저장하고 싶은 경우에는 더 큰 수를 설정하세요.

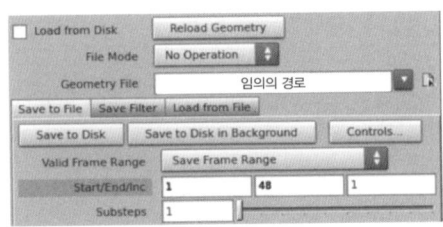

「End」를 「48」로 설정한다.

[4] Save to Disk 버튼을 클릭합니다.
캐시의 출력(저장)이 시작됩니다. 1~48 프레임까지 출력이 완료될 때까지 기다리세요.

[5] Load from Disk 파라미터를 On으로 설정합니다.

이제 디스크에 저장된 지오메트리 정보를 불러오도록 설정되었습니다. 시뮬레이션 계산을 다시 할 필요가 없어서 편리하지만, 반대로, 시뮬레이션을 다시 하고 싶을 때 그때마다 다시 제대로 출력하도록 고치지 않으면 결과가 제대로 반영되지 않으니 주의하세요.

■ 「Flipbook」의 이용

캐시를 이용하고 있어도 읽어오는 데 시간이 걸리고 메모리양에 따른 제약도 있다 보니 플레이 바에서 재생했을 때 매끄럽게 재생되지 않을 수도 있습니다. 그래서 Flipbook이라는 기능을 대신 이용하여 씬 뷰에 디스플레이되는 이미지 자체를 캡쳐해서 부드럽게 재생할 수 있도록 할 수 있습니다.

[1] 씬 뷰 아래쪽의 Render Flipbook 버튼을 클릭합니다.

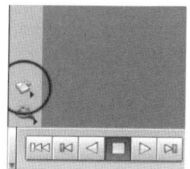

[2] Render Flipbook 창에서 Frame Range/Inc를 {1, 48, 1}로 설정하고 Start를 클릭합니다.

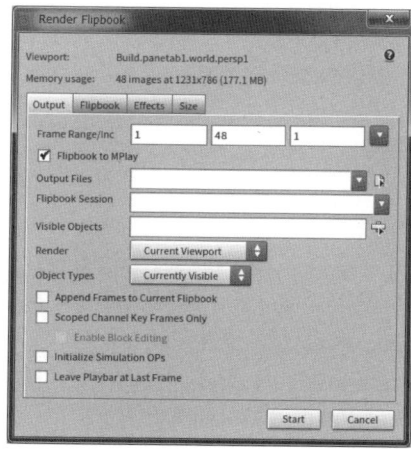

{1, 48, 1}로 설정

[2] MPlay 창에서 왼쪽 아래의 재생 버튼을 클릭합니다. 매우 부드럽게 재생 됩니다.

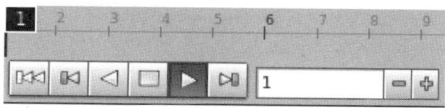

재생 버튼을 클릭

■ 여러 가지 재질을 사용한 렌더링

「액체 지오메트리」와 「충돌용 지오메트리」를 각각 다른 재질로 렌더링 해봅시다.

[1] Material Palette 펜을 엽니다.

[2] 왼쪽의 리스트에서 Materials › Liquids에 있는 Basic Liquid 와 Materials › Natural에 있는 Clay를 오른쪽의 /mat라고 적힌 프레임 안으로 드래그&드롭을 합니다. /mat에 메터리얼이 만들어졌습니다.

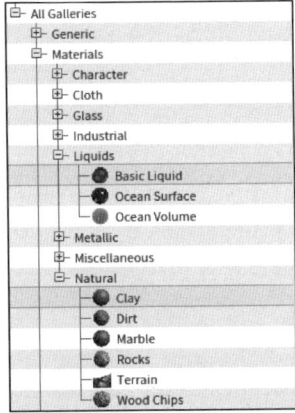

[3] 네트워크 에디터로 돌아가서 새롭게 「Material」 SOP을 만들고 입력에 filecache1 노드를 연결합니다.

[4] material1 노드의 Material 파라미터에서 가장 오른쪽의 노드 선택 버튼을 클릭하여 /mat/basicliquid 노드를 선택합니다.
Primitive에 shop_materialpath라는 이름의 String 형 어트리뷰트가 만들어졌습니다.

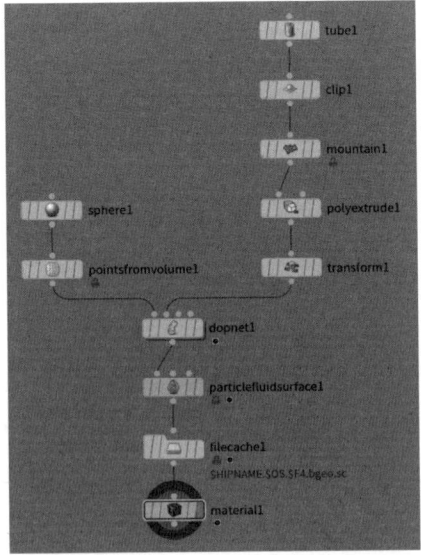

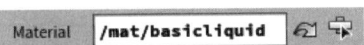

/mat/basicliquid를 선택

입력에 filecache1을 연결

[5]「Material」SOP을 새로 만듭니다. 입력에 transform1 노드를 연결하고, Material 파라미터 오른쪽
의 노드 선택 버튼을 클릭하여 /mat/clay 노드를 선택합니다.

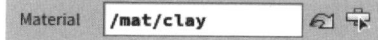

/mat/clay를 선택

[6]「Merge」SOP을 새로 만들고, 입
력에 material1 노드와 material2 노드
를 연결합니다.

[7] ⓤ 키를 눌러 /obj로 돌아갑니다.

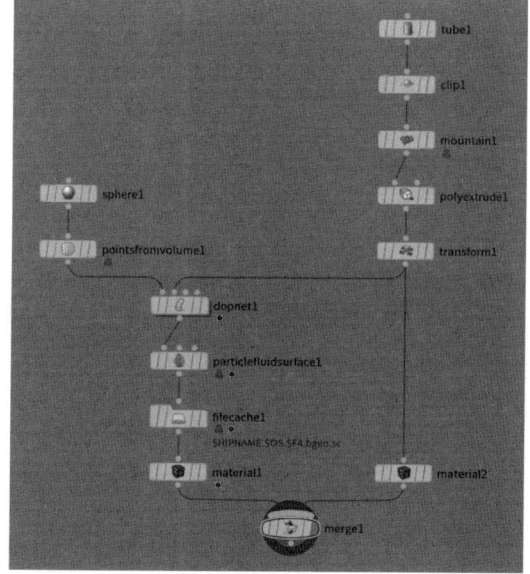

입력에 material1과 material2를 연결

[8] WORK 노드에서 Render 탭 안의 Render Polygons As Subdivision(Mantra) 파라미터를 On으로
설정합니다. 이렇게 하면 렌더링 할 때 서브디비전이 적용되어서 매끄러운 형태가 됩니다.

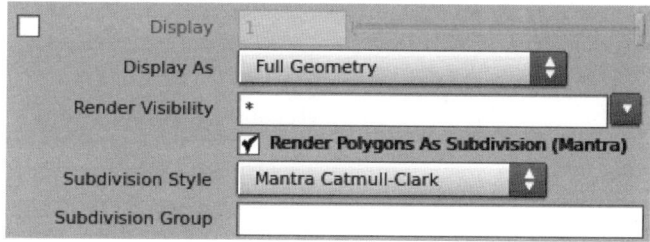

파라미터를 On으로 설정

[9] 적당한 위치에 「카메라」와 「라이트」를 설치하고 렌더링합니다.
「액체 지오메트리」와 「충돌용 지오메트리」가 각각 다른 질감으로 된 것을 알 수 있습니다.

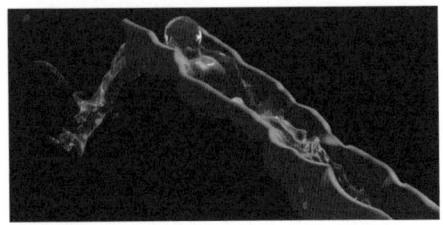

각각 다른 질감이 되었다.

응용

- 추가로 Whitewater 솔버를 사용하면 고운 물보라와 물거품을 표현하는 파티클을 쉽게 만들 수 있어서 좀 더 리얼한 효과를 만들 수 있습니다.
  자세한 내용은 예제데이터(chapter5-1.hipnc)를 참조하세요.

5.2 「SOP」을 사용한 외력 만들기

SOP에서 자유롭게 Force(힘)을 설정합니다. 이것은 액체 뿐만 아니라 단단한 물체 또는 연기 등을 포함한 어떤 종류의 다이내믹스에도 사용되는 매우 범용성이 높은 테크닉입니다.

■ 기본 셋업 준비

[1] 새로운 씬을 열고 네트워크 에디터에서 [Tab] 키를 눌러, box라고 입력한 후 [Enter] 키를 누릅니다.

box라고 입력

[2] Geometry 노드가 만들어지면 이름을 WORK로 변경합니다.

이름을 WORK로 변경

[3] WORK 노드를 더블 클릭하여 안으로 들어갑니다.

[4] box1 노드의 Size X 파라미터를 2로 설정합니다.

파라미터를 2로 설정

제 5 장   액체의 제작

[5] Clip 노드를 새로 만듭니다. 입력에 box1 노드를 연결하고, Keep 파라미터를 Primitives Below the Plane으로 설정합니다.
지오메트리의 윗쪽 절반을 잘라냈습니다.

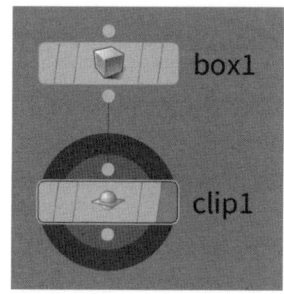

노드를 연결

[6] 「PolyFill」 SOP을 새로 만들고 입력에 clip1 노드를 연결합니다.
잘라낸 부분이 새로운 면으로 막혔습니다.

[7] 「Points from Volume」 SOP을 새로 만들고 입력에 polyfill1 노드를 연결합니다. Point Separation 파라미터는 0.05로, Jitter Scale 파라미터는 1로 설정합니다.

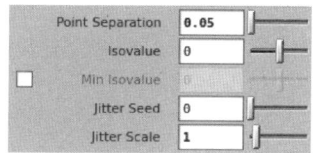

파라미터를 1로 설정

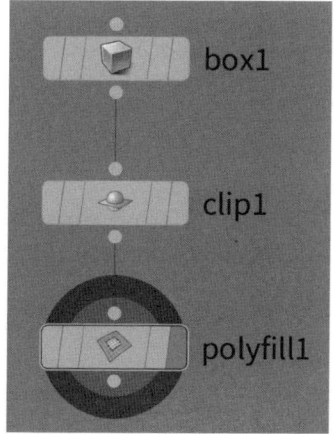

입력에 clip1을 연결

[8] 「DOP Network」 SOP을 새로 만들고, 제1 입력에 pointsfromvolume1 노드를 연결합니다.

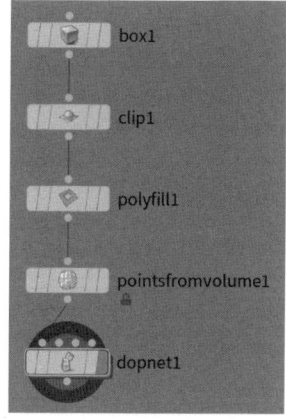

제1 입력에 pointsfromvolume1을 연결

151

■ 멈춰있는 FLIP의 기본 셋업

[1] dopnet1 노드를 더블 클릭하여 안으로 들어갑니다.

[2] 「Flip Object」 DOP을 새로 만듭니다.

[3] 「FLIP Solver」 DOP을 새로 만듭니다. 제1 입력에 flipobject1 노드를 연결하고, 출력에 output 노드를 연결합니다.

[4] flipobject1 노드의 Input Type 파라미터를 Particle Field로 설정합니다.

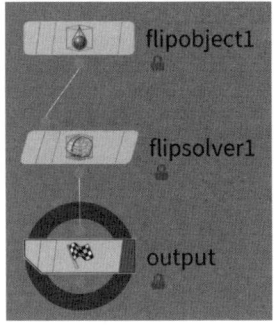

노드를 연결

[5] SOP Path 파라미터에 `opinputpath("..", 0)`이라고 입력합니다. 자동으로 pointsfromvolume1 노드의 경로가 설정됩니다.

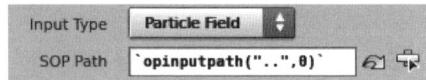

`opinputpath("..", 0)` 입력

[6] 「Gravity Force」 DOP을 새로 만듭니다.
제1 입력에 flipsolver1 노드를 연결하고 출력을 output 노드에 연결합니다.

[7] ⓤ 키를 눌러 WORK 노드 안으로 돌아갑니다.

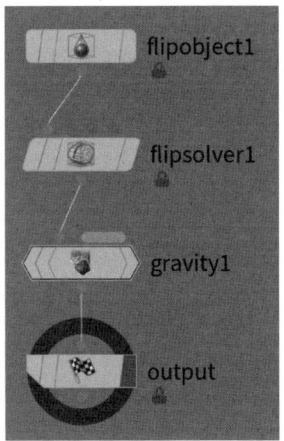

제1 입력에 flipsolver1을 연결하고
출력을 output에 연결

제 5 장 액체의 제작

[8] box1 노드의 Size 파라미터에서 오른쪽 클릭하여, Copy Parameter를 선택합니다.

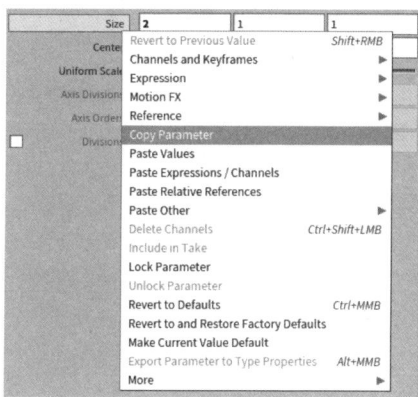

「Copy Parameter」를 선택

[9] 다시 dopnet1 노드 안으로 들어갑니다. flipsolver1 노드의 Volume Motion 탭 〉 Volume Limits 탭 〉 Box Size 파라미터에서 오른쪽 클릭하고, Paste Relative References를 선택합니다.

[10] 마찬가지로 WORK 노드 안에 있는 box1 노드의 Center 파라미터에서 오른쪽 클릭하고, Copy Parameter를 선택합니다.
dopnet1 노드 안에 있는 flipsolver1 노드의 Box Center 파라미터에서 오른쪽 클릭하고, Paste Relative References를 선택합니다.

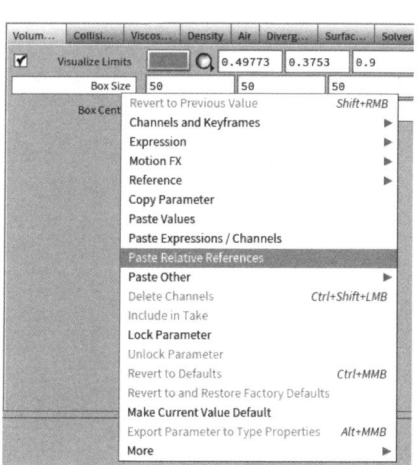

Box와 FLIP Solver의 바운딩 박스가 일치하게 되었습니다.

Box Size	ch("../../box1/sizex")	ch("../../box1/sizey")	ch("../../box1/sizez")
Box Center	ch("../../box1/tx")	ch("../../box1/ty")	ch("../../box1/tz")

Box와 FLIP Solver의 바운딩 박스가 일치한다.

153

[11] 마찬가지로 WORK 노드 안에 있는 pointsfromvolume1 노드의 Point Separation 파라미터에서 오른쪽 클릭하고 Copy Parameter를 선택합니다.

dopnet1 노드 안에 있는 flipobject1 노드의 Particle Separation 파라미터에서 오른쪽 클릭하고 Paste Relative References를 선택합니다.

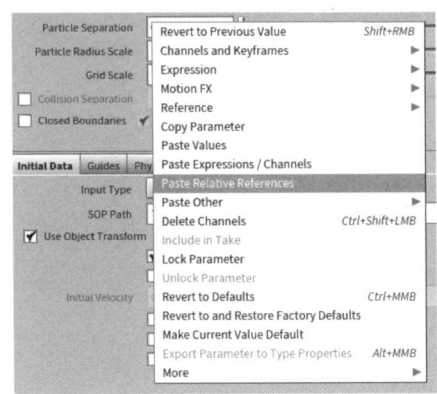

Paste Copied Relative References를 선택

[12] flipobject1 노드의 Closest Boundaries 파라미터를 On으로 설정하고 옆에 있는 여러 체크 박스 중 +Y만 Off로 설정합니다.

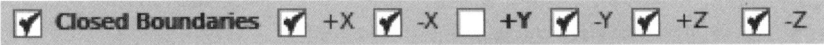

+Y만 Off로 설정

이제 바운딩 박스의 윗면을 제외하고 닫은 상태로 충돌 처리하도록 되었습니다.

[13] 창 오른쪽 아래의 Real Time Toggle 버튼이 On으로 설정되어 있는 것을 확인하고 플레이 바를 재생해 보겠습니다.

수조 탱크처럼 물이 그 자리에 계속 멈춰 있음을 알 수 있습니다.

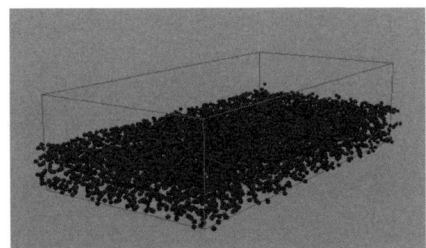

물이 그 자리에 계속 멈춰 있다.

[14] 결과를 확인했으면, 재생을 멈추고 현재 프레임을 1로 되돌립니다.

■ 「Force」의 설정

[1] ⓤ 키를 눌러 WORK 노드 안으로 돌아갑니다.

[2] box1 노드의 Template 플래그를 On으로 설정합니다.

[3] 「Curve」 SOP을 새로 만듭니다.

[4] 씬 뷰 오른쪽 위의 Display Contruction Plane을 On으로 토글(Toggle) 합니다.

[5] 위에서 아래로 내려다보는 시점의 씬 뷰에서 대략 직육면체 안에 들어가도록 알맞은 모양의 커브를 몇 번의 클릭으로 그립니다.

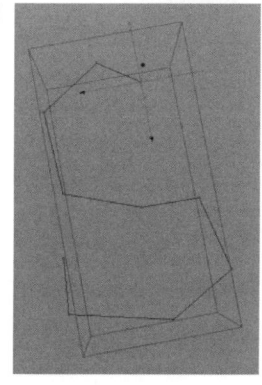

적당히 알맞은 모양의 커브를 그린다.

[6] 만든 curve1 노드의 Primitive Type 파라미터를 NURBS로 설정합니다.

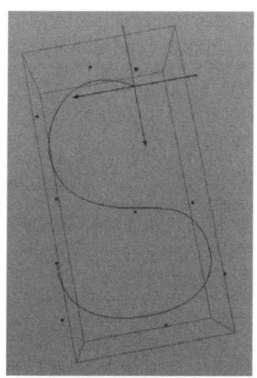

파라미터를 NURBS로 설정

[7] 「Resample」 SOP을 새로 만들고 입력에 curve1 노드를 연결합니다.
선이 잘게 분할되었습니다.

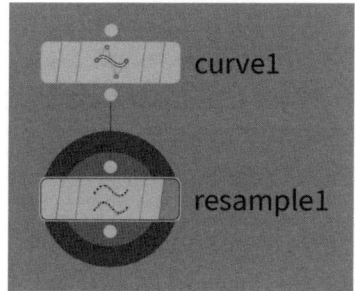

입력에 curve1을 연결

[8] 「PolyFrame」 SOP을 새로 만들고 입력에 resample1 노드를 연결하고 Tangent Name 파라미터에 force를 입력합니다.
이 파라미터의 값으로는 임의의 문자열도 일단 문제가 없지만, 나중에 설정할 파라미터의 내용과는 일치해야 합니다.

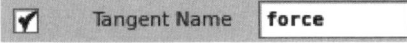

파라미터에 force 입력

커브의 탄젠트 방향으로 향하는 벡터가 force라는 이름의 어트리뷰트 값으로 설정되었습니다.

[9] polyframe1 노드를 dopnet1 노드의 제2 입력에 연결합니다.

[10] dopnet1 노드를 더블 클릭하여 안으로 들어갑니다.

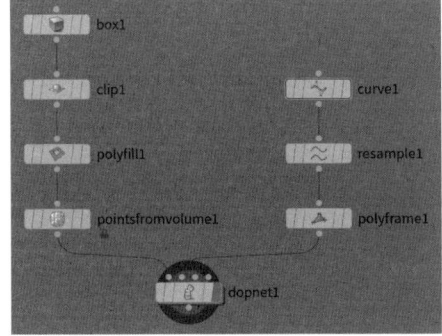

polyframe1을 dopnet1의 제2 입력에 연결

[11] 「Field Force」 DOP을 새로 만듭니다. 제1 입력에 flipsolver1 노드를 연결하고 출력을 gravity 노드에 연결합니다.

[12] 「SOP Geometry」 DOP을 새로 만들고 SOP Path 파라미터에 `opinputpath("..", 1)`라고 입력합니다.
자동으로 polyframe1 노드의 경로가 설정됩니다.

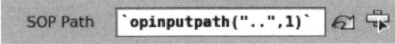

`opinputpath("..", 1)` 입력

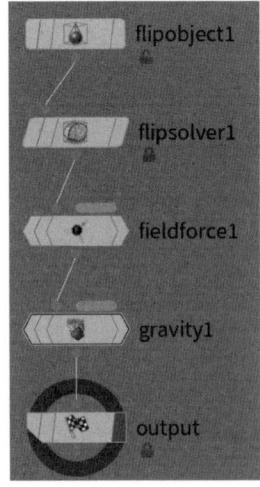

노드를 연결

제 5 장 액체의 제작

[13] 만든 sopgeo1 노드를 fieldforce1 노드의 제2 입력에 연결합니다.

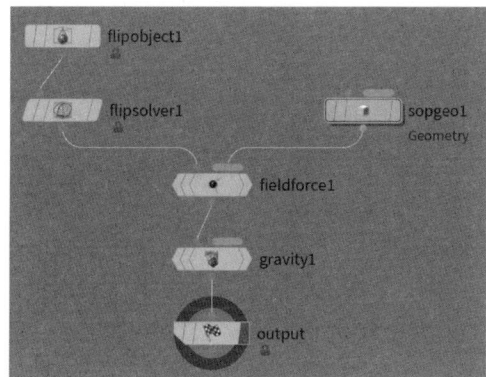

sopgeo1을 fieldforce1의 제2 입력에 연결

[14] 플레이 바를 재생해 보겠습니다.
fieldforce1 노드의 Force Attribute 파라미터가 force로 설정되어 있기 때문에 지정한 SOP의 force 어트리뷰트 값이 그대로 외력으로 작용하고 있는 것을 알 수 있습니다.

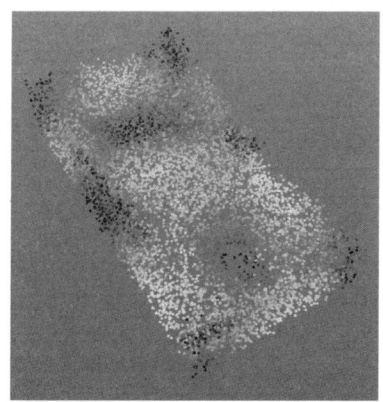

「force」 어트리뷰트의 값이 그대로 외력으로 작용하고 있다

힌트

- 기본 지오메트리로는 당연히 커브 뿐 아니라 다양한 지오메트리를 자유롭게 사용할 수 있습니다. 또 Force 벡터 값도 당연히 PolyFrame 뿐 아니라 Attribute VOP 등 다른 다양한 노드를 이용하여 설정할 수 있습니다. 그러므로 기본적으로 이 기법만으로도 얼마든지 어떤 방향과 크기의 외력도 만들 수 있습니다.

응용

- force 어트리뷰트를 불러오는 「SOP 지오메트리」가 움직임을 가질 경우 sopgeo1 노드에 있는 Time 파라미터의 Use Default를 Set Always로 변경합니다.

157

제 6 장

연기의 제작

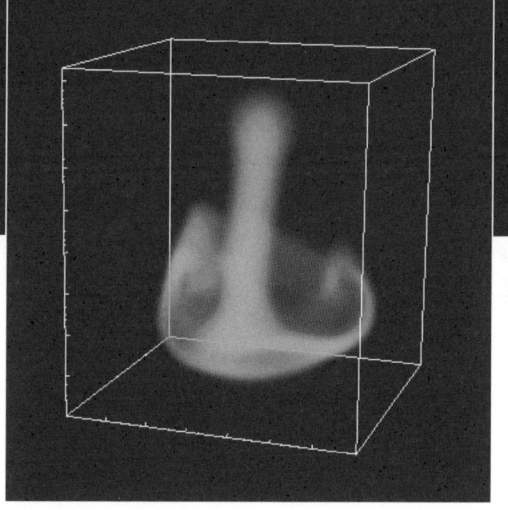

폭발과 연기를 만들어 발생하는 운동량 변화를 입자가 따르도록 하거나(이류) 자유롭게 변형시킵니다.

6.1 「연기」 만들기

연기와 불꽃은 미리 적절하게 설정된 「쉘프」 도구를 사용해도 만들 수 있습니다.
그러나 각 노드가 어떤 이유로 연결되었는지 이해하지 못하면 막상 커스터마이즈하려고 할 때 아무 것도 할 수 없게 됩니다. 단순히 파라미터의 값 정도만 바꾸는 것 이상으로 자유로운 컨트롤을 하려면 노드 구성에 대해서 제대로 이해하는 것이 중요합니다.

그럼 처음부터 네트워크를 구축해봅시다.

■ 소스 볼륨(Source Volume)의 준비

[1] 새로운 씬을 열고 네트워크 에디터에서 [Tab] 키를 눌러 sphere라고 입력하고 [Enter] 키를 누릅니다.

sphere라고 입력

[2] Geometry 노드가 만들어지면 이름을 WORK로 변경합니다.

이름을 WORK로 변경

[3] 만든 WORK 노드를 더블 클릭하여 안으로 들어갑니다.

[4] sphere1 노드의 파라미터에서 Primitive Type은 Polygon으로, CenterY는 0.5로, Uniform Scale은 0.5로, Frequency는 8로 설정합니다.

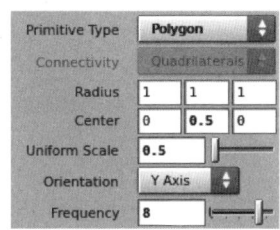

파라미터를 설정

[5] 「VDB from Polygons」 SOP을 새로 만듭니다. 제1 입력에는 sphere1 노드를 연결하고 Distance VDB 파라미터의 체크 박스는 Off로, Fog VDB 파라미터의 체크 박스는 On으로 설정합니다.

폴리곤이 Sparse Volume으로 변환 되었습니다.

[6] 만든 vdbfrompolygons1 노드의 Voxel Size 파라미터를 0.05로 설정합니다.

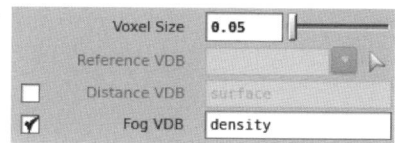

파라미터를 0.05로 설정

[7] 지오메트리 스프레드 시트를 열어 Primitive 항목을 보면 name이라는 String 형 어트리뷰트에 density 값이 들어 있음을 알 수 있습니다.

Node vdbfrompolygons1	
	name
0	density

density라는 값이 들어 있다.

■ DOP의 기본 셋업

[1] 「DOP Network」 SOP을 새로 만들고, 제1 입력에 vdbfrompolygons1 노드를 연결합니다.

[2] 만든 dopnet1 노드를 더블 클릭하여 안으로 들어갑니다.

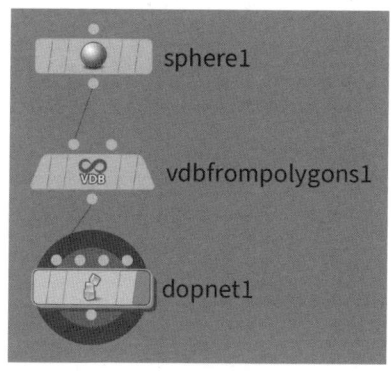

제1 입력에 「vdbfrompolygons1」을 연결

[3] 「Smoke Object」 DOP을 새로 만들고 이름을 smoke로 변경합니다. 파라미터에서 Division Size는 0.05, Size는 {2, 6, 2}로, Center는 {0, 3, 0}으로 설정합니다.

Division Size	0.05		
Size	2	6	2
Center	0	3	0

파라미터를 설정

 혹시 계산 시간이 너무 오래 걸리면 Division Size를 더 큰 값으로 설정하고, 시간에 관계없이 정밀한 결과를 얻고 싶다면 Division Size를 더 작은 값으로 설정합니다.

[4] 이어서 Creation 프레임의 Solve on Creation Frame 파라미터를 On으로 설정합니다.
시뮬레이션 시작 프레임에서 솔버가 작동됩니다.

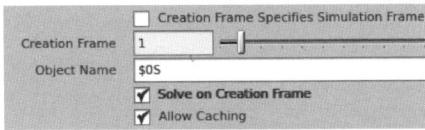

Solve on Creation Frame을 On 시킨다.

[5] 「Smoke Solver」 DOP을 새로 만듭니다. 제1 입력에 smoke 노드를 연결하고 출력을 output 노드에 연결합니다.

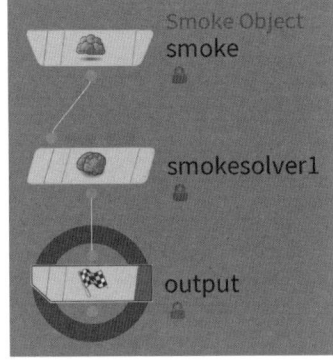

제1 입력에 smoke 노드를 연결하고 출력을 output 노드에 연결

화면에 보이는 직육면체는 시뮬레이션되는 복셀의 바운딩 박스입니다. 연기는 항상 이 직육면체의 안쪽에서만 존재합니다.

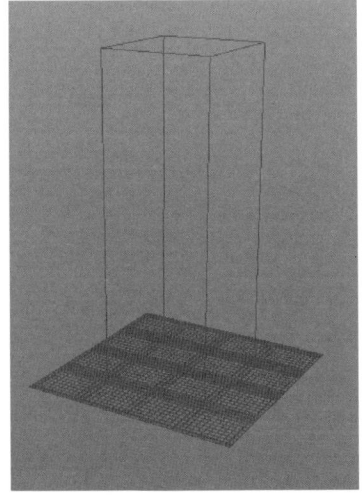

바운딩 박스

[6] 「Source Volume」 DOP을 새로 만듭니다. smokesolver1 노드의 제5입력에 연결하고 Volume Path 파라미터에 `opinputpath("..", 0)`이라고 입력합니다.
vdbfrompolygons1 노드의 경로가 자동으로 설정됩니다.

제 6 장 연기의 제작

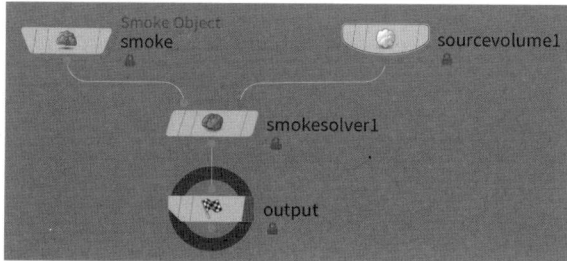

smokesolver1의 제5 입력에 연결

[7] 만든 sourcevolume1 노드의 Volume Operation 탭에서 Velocity 파라미터를 Add로 설정합니다. 이렇게 하면 vel 필드의 값을 매 프레임마다 새로 써 넣는 것이 아니라 이전 프레임의 값을 이어 받아서 추가하게 됩니다.

파라미터를 「Add」로 설정

[8] SOP To DOP Bindings 탭에서 Temperature Volume 파라미터에 density라고 입력합니다.

지금은 불러온 지오메트리에 density라는 이름을 가진 볼륨만 있는데, 이것을 Temperature 필드로도 그대로 불러오기 위해서 그림처럼 설정합니다.

「필드(Field)」에 대한 자세한 설명은 이후 이어지는 항을 참조하세요.

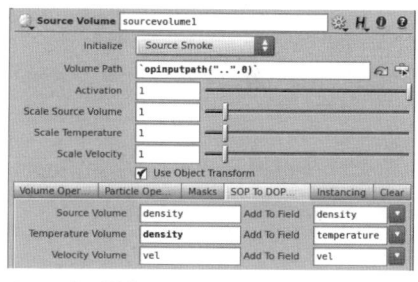

density라고 입력

[9] 씬 뷰에서 D 키를 눌러 Display Options 윈도우를 열고, Background 탭의 Color Scheme 파라미터를 Dark로 설정합니다.

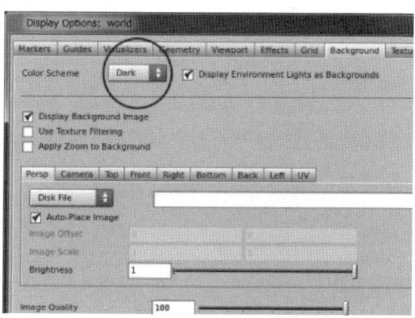

「Color Scheme」 파라미터를 「Dark」로 설정

163

[10] 창 오른쪽 아래의 Real Time Toggle 버튼이 On으로 설정되어
있는지 확인하고 플레이 바를 재생해 봅니다.
연기가 똑바로 올라가는 것을 알 수 있습니다.

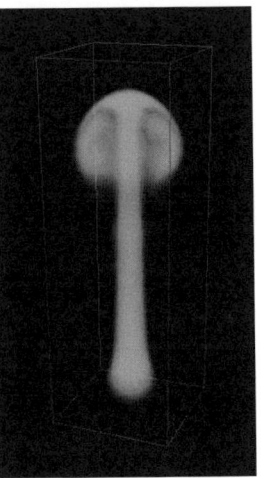

힌트

- 만약 표시되지 않을 경우는 씬 뷰에서 [W] 키를 누르거나 또는 씬 뷰 오른쪽 위의 아이콘을 클릭하여 Smooth Shaded 표시 모드로 설정합니다.

[11] 결과가 확인되면 재생을 멈추고 현재 프레임을 1로 되돌립니다.

■ 필드에 맞추어 리사이즈 하기

[1] 지오메트리 스프레드 시트를 열고, smoke 옆의 + 마크를 클릭하여 확장합니다.

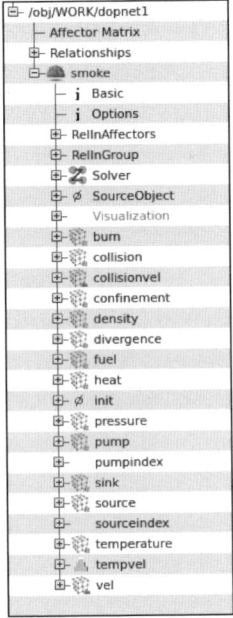

 One Point

현재 density나 vel 등은 필드 데이터로, 복셀에서 값을 저장하고 있으며, 밀도, 속도, 온도 같은 시뮬레이션에 필요한 정보를 가지고 있습니다.

대표적인 필드의 예는 다음 표와 같습니다.

density	밀도
temperature	온도
vel	속도
divergence	발산
fuel	연료
burn	연소
heat	열(불꽃)

[2] smoke 노드를 선택하고 Guides 탭의 내용을 살펴 보겠습니다.
가장 왼쪽의 Visualization 탭에 다양한 필드 이름이 나란히 나열되어 있습니다. (여기에 있는 것은 어디까지나 라벨 이름으로, 실제 필드 이름과는 다릅니다. 예로 vel은 Velocity라고 표시되어 있습니다).

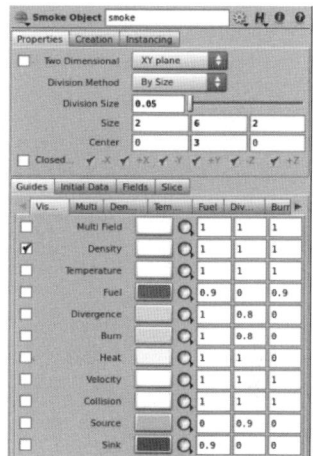

Visualization 탭

[3] Density의 체크 박스를 Off로 설정하고, Temperature와 Velocity의 체크 박스를 「On」으로 설정한 후 플레이 바를 재생하여 각각 씬 뷰에서 결과를 확인합니다.

[4] 결과를 확인하였다면, 재생을 멈추고 현재 프레임을 1로 되돌립니다. 그리고 다시 density만 On 상태로 되돌립니다.

[5] Gas Resize Fluid Dynamic 노드를 새로 만들어서 smoke solver1 노드의 제2 입력에 연결합니다.

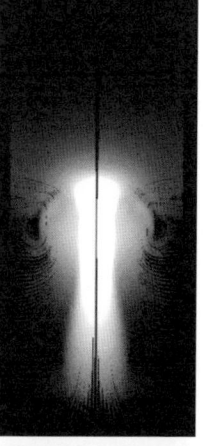

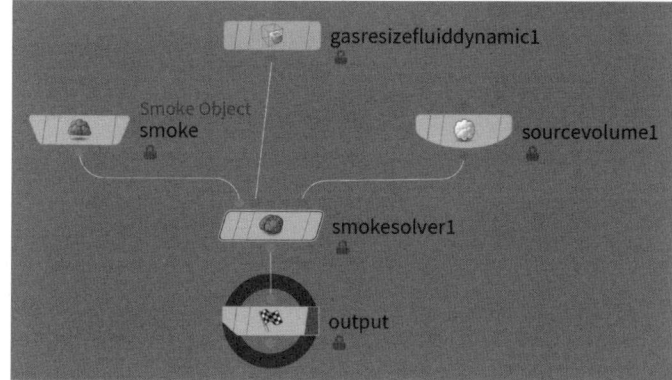

[6] 만든 gasresizefluiddynamic1 노드에서 Reference Field 파라미터의 값이 density인 것을 확인합니다.

이에 따라 항상 density 필드의 값이 큰 부분에만 맞추어 바운딩 박스 크기를 바꾸게 되므로 불필요하게 낭비되는 계산을 줄일 수 있습니다.

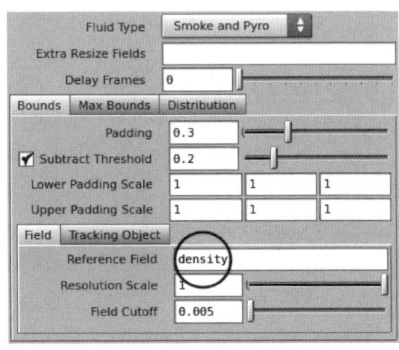

파라미터의 값이 density인 것을 확인

[7] 플레이 바를 재생해 봅니다.
필드 값에 따라 바운딩 박스 크기가 변화하는 것을 알 수 있습니다.

[8] 결과를 확인했다면, 재생을 멈추고 현재 프레임을 1로 되돌립니다.

■ 연기의 모양 제어하기

[1] 「Gas Turbulence」 DOP을 새로 만들고, smokesolver1 노드의 제3입력에 연결합니다.

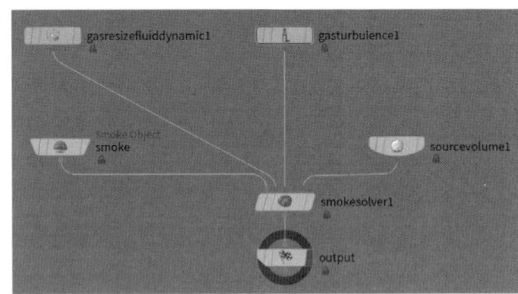

smokesolver1의 제3 입력에 연결

[2] 플레이 바를 재생해봅니다.
vel(속도) 필드 값에 노이즈가 더해지면서 연기의 모양이 좀 더 자연스럽게 표현되고 있습니다.

[3] 결과를 확인했다면, 재생을 멈추고 현재 프레임을 1로 되돌립니다.

[4] 「Merge」 DOP을 새로 만들고 gasturbulence1 노드 아래에 삽입합니다.

[5] 「Gas Dissipate」 DOP을 새로 만듭니다. 출력을 merge1 노드에 연결하고, Evaporation Rate 파라미터를 0.99로 설정합니다.

이에 따라 densit y필드 값이 1초당 99%의 비율로 감소하면서 서서히 사라지게 됩니다.

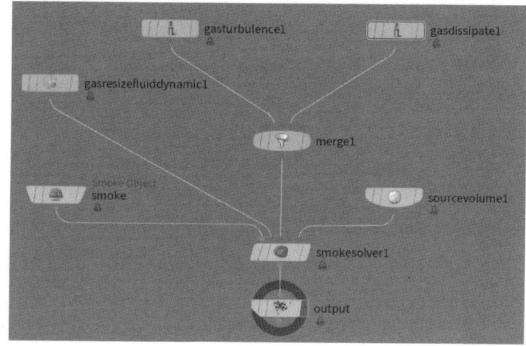

노드를 연결

[6] 「Gas Disturbance」 DOP을 새로 만들고 출력을 merge1 노드에 연결합니다. 그리고 Disturbance 파라미터를 1로, Block Size 파라미터를 0.1로 설정합니다.

이것으로 기본적인 원래의 모양을 바꾸지 않으면서 디테일만을 더하게 됩니다.

디폴트로 Cutoff 파라미터가 0.1로 되어 있기 때문에 density 필드 값이 0.1 이하 부분에만 작용하고, 또 연기 가장자리(Edge) 부분에만 미세한 (Fine) 노이즈가 적용됩니다.

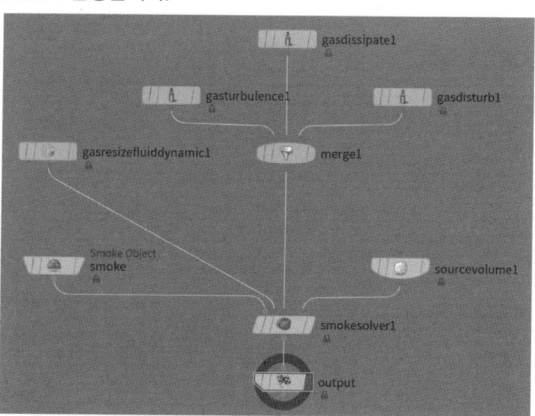

노드를 연결

[7] 플레이 바를 재생해봅니다.
거의 진짜 연기 같은 모양이 되었습니다.

[8] 결과를 확인했다면, 재생을 멈추고 현재 프레임을 1로 되돌립니다.

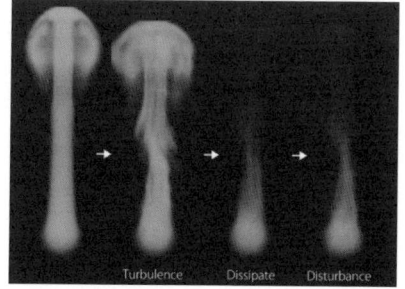

플레이 바를 재생한다.

■ 새로운 필드 만들기

새로운 필드를 스스로 직접 만듭니다. 여기에서는 Y좌표 값이 비교하는 어떠한 값보다 크면 1, 작으면 0을 갖도록 하는 설정을 해봅시다.

[1] 새로운 「Gas Match Field」 DOP을 만들어서 merge1 노드에 연결하고 Field 파라미터에 mask라고 입력합니다. 그리고 Refrenced Field 파라미터에 density라고 입력합니다.
이에 따라 density 필드와 크기하고 밀도가 같은 mask라는 필드가 새롭게 만들어졌습니다.

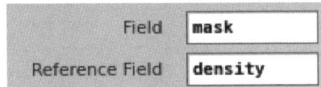

Field 파라미터에 mask라고 입력

[2] 「Gas Field VOP」 DOP을 새로 만들어서 merge1 노드에 연결하고, 더블 클릭하여 안으로 들어갑니다.

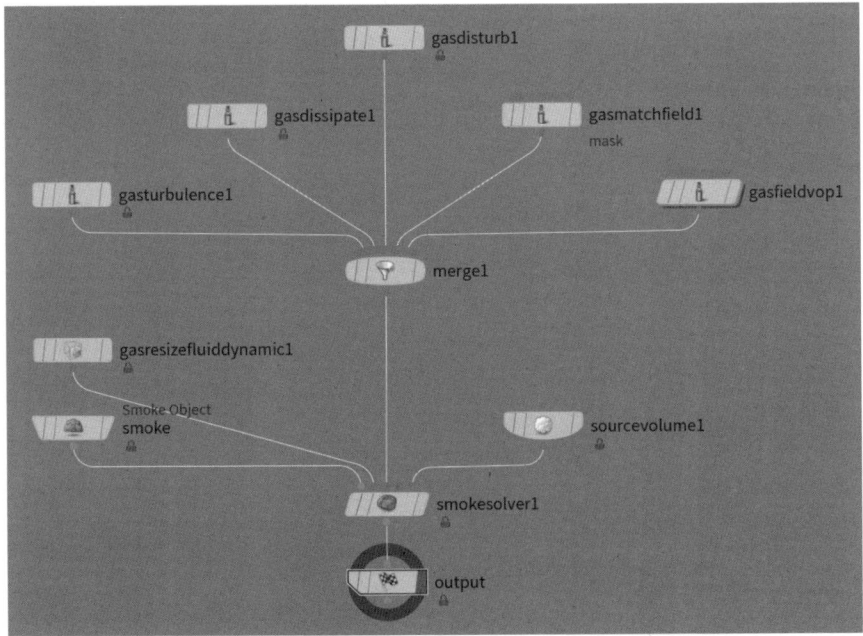

merge1에 연결

[3] volumevopoutput1 노드를 삭제합니다.

density 필드 값을 변경하고 싶은 경우에는 이 노드를 그대로 사용해도 되지만, 이번에는 density 이외의 다른 필드를 설정하려고 하기 때문에 이 노드가 필요하지 않습니다.

[4] 「Vector to Float」 VOP을 새로 만듭니다. 입력에 volumevopglobal1 노드의 P 출력을 연결합니다.

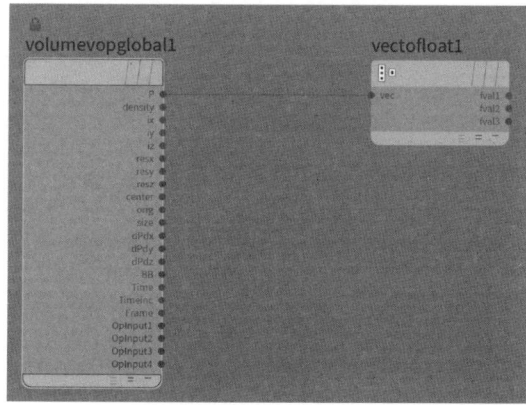

입력에 volumevopglobal1의 P 출력을 연결

[5] 새로 「Compare」 VOP을 만듭니다. Test 파라미터를 Greater Than으로 설정하고, input1 입력에 vectofloat1 노드의 fval2 출력을 연결합니다.

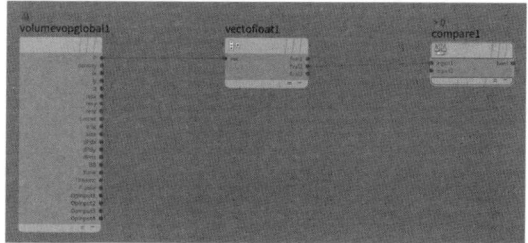

input1 입력에 vectofloat1의 fval2 출력을 연결

[6] 「Integer to Float」 VOP을 만듭니다. 입력에 compare1 노드의 출력을 연결합니다.

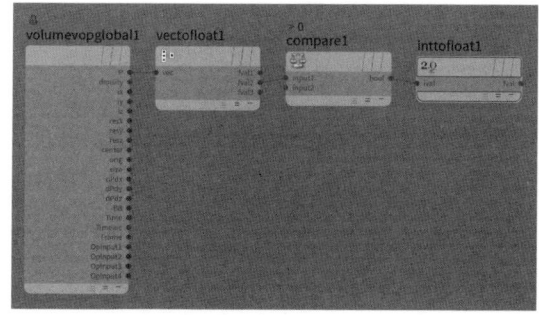

입력에 compare1의 출력을 연결

[7] 「Bind」 VOP을 새로 만듭니다. Export 파라미터를 Always로 설정하고 입력에 inttofloat1 노드의 출력을 연결합니다. 그리고 Name 파라미터에 mask라고 입력합니다.

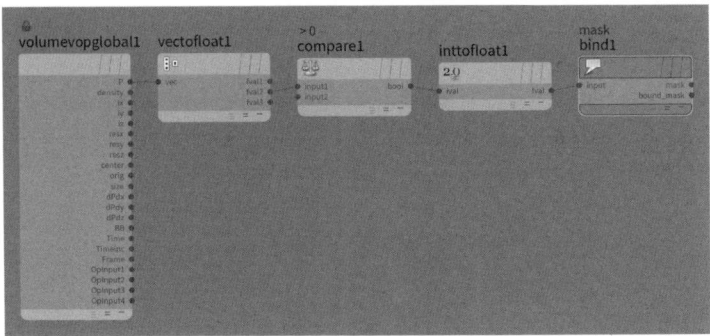

입력에 inttofloat1의 출력을 연결

[8] 「Parameter」 VOP을 새로 만듭니다. compare1 노드의 input2 입력에 연결하고 Label 파라미터에 Height라고 입력합니다.

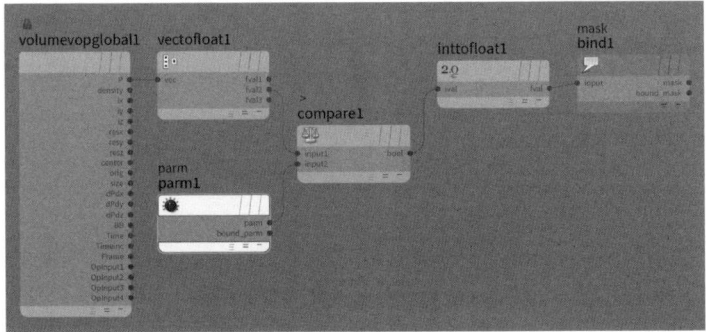

compare1 노드의 input2 입력에 연결

[9] ⓤ 키를 눌러서 dopnet1 노드로 돌아가서 gasfieldvop1 노드의 Height 파라미터를 2로 설정합니다.

Height 파라미터를 2로 설정

이제 mask 필드 값에서 Y좌표가 2보다 높은 값이면 1로, 그 이외의 값이면 0이 됩니다.

■ 필드의 영향력을 컨트롤하기

[1] 결과를 알기 쉽게 하기 위해서 gasdissipate1 노드와 gasdisturb1 노드의 우회(bypass) 플래그를 On으로 설정하여 무효 처리하도록 합니다.

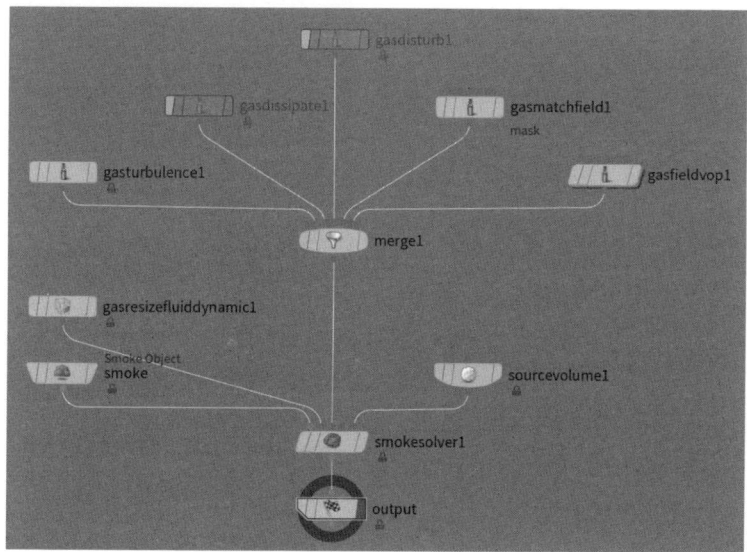

우회(bypass) 플래그를 On시켜 무효화 한다.

[2] gasturbulence1 노드의 Scale 파라미터를 1로 설정합니다.

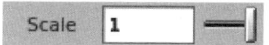

파라미터를 1로 설정

[3] 플레이 바를 재생합니다. 지금 단계에서는 발생하는 순간부터 매우 강한 노이즈가 적용되고 있는 것을 알 수 있습니다.

[4] 결과를 확인했다면, 재생을 멈추고 현재 프레임을 1로 되돌립니다.

[5] gasturbulence1 노드의 Control Settings 탭에서 Control Field 파라미터의 체크 박스를 On으로 설정하고 mask라고 입력합니다. 그리고 Control Influence 파라미터를 1로 설정합니다.

파라미터를 1로 설정

[6] 플레이 바를 재생합니다.
Y좌표가 2보다 낮은 부분에서는 노이즈가 들어가지 않고, 그보다 높은 부분에서만 노이즈가 들어가게 되었습니다.

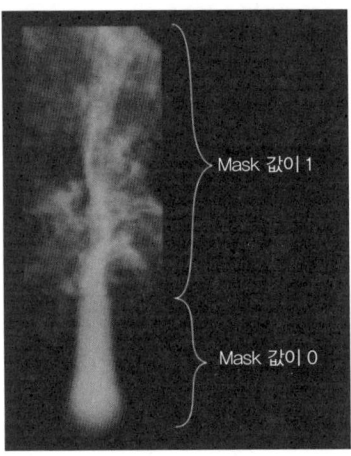

응용

- 이번에는 단순하게 Y좌표 값을 상수와 비교했습니다. 하지만 VOP을 사용하고 있기 때문에, 더 복잡한 계산을 통해 값을 설정할 수도 있습니다.

- Control Field 파라미터는 「Gas Turbulence」 DOP 뿐 아니라 다른 노드에도 있습니다. 여러 조합을 시도해봅시다.

힌트

- 여기까지 연기의 기초를 이해했다면, 새로운 씬에서 쉘프의 「Pyro FX」 탭에서 원하는 이펙트를 선택하고 만들어 봅시다. 폭발이나 화산, 촛불, 드라이아이스 등 여러 다양한 종류가 있습니다.

- 이것들을 사용할 때 생성되는 「Pyro Solver」라는 솔버는 이 장에서 한 것과 마찬가지 방법으로 「Smoke Solver」를 확장해 나간 것과 같다고 볼 수 있습니다.

6.2 Advection(이류: 유체가 가진 물리량 변화)

속도 필드의 값을 이용하여 파티클을 움직일 수 있습니다.
이것을 Advection(이류)라고 합니다.

■ 소스 볼륨의 준비

[1] 새로운 씬을 열고 네트워크 에디터에서 Tab 키를 눌러 sphere로 입력하고 다음 Enter 키를 누릅니다.

sphere라고 입력

[2] Geometry 노드가 만들어지면 이름을 WORK로 변경합니다.

이름을 WORK로 변경

[3] 만든 WORK 노드를 더블 클릭하여 안으로 들어갑니다.

[4] sphere1 노드의 파라미터에서 Primitive Type을 Polygon으로, Uniform Scale을 0.5로, Frequency를 8로 설정합니다.

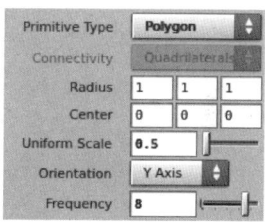

파라미터를 설정

[5] 「VDB from Polygons」 SOP을 새로 만들고 제1 입력에 sphere1 노드를 연결합니다. DistanceVDB 파라미터의 체크 박스를 Off 하고, Fog VDB 파라미터의 체크 박스를 On으로 설정합니다.

[6] 이어서 Voxel Size 파라미터를 0.05로 설정합니다.

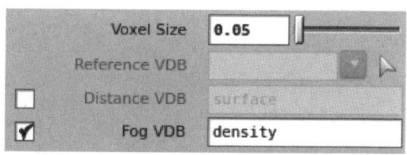

0.05로 설정

[7] 「Volume」 SOP을 새로 만들고 입력에 vdbfrompolygons1 노드를 연결합니다. 이에 따라 입력한 지오메트리(여기에서는 변환한 Sparse Volume)와 일치하는 바운딩 박스의 Volume을 만들 수 있습니다.

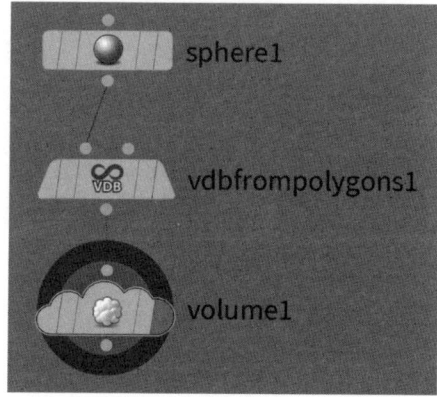

입력에 vdbfrompolygons1을 연결

[8] volume1 노드의 파라미터에서 Rank를 Vector로 설정하고 Name에는 vel으로 입력합니다. InitialValue는 {0, -2.5, 0}으로 합니다.

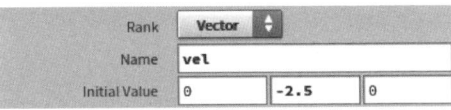

{0, -2.5, 0}으로 설정

[9] 「Merge」 SOP을 새로 만들고 입력에 volume1 노드와 vdbfrompolygons1 노드를 연결합니다.

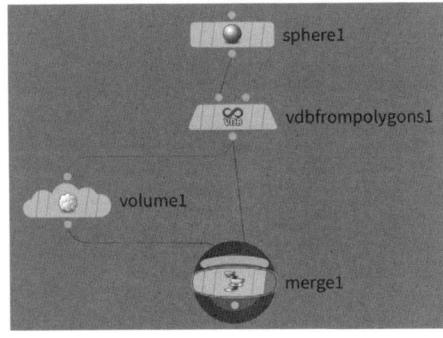

[10] 만든 merge1을 가운데 클릭하여 정보를 살펴보겠습니다.
「vel.x」「vel.y」「vel.z」라는 Volume(녹색)과 「density」라는 Sparse Volume(파란색)을 가지는 것을 알 수 있습니다.
이 둘 중 어느 쪽 형식이어도 DOP의 필드로 불러올 수 있습니다.

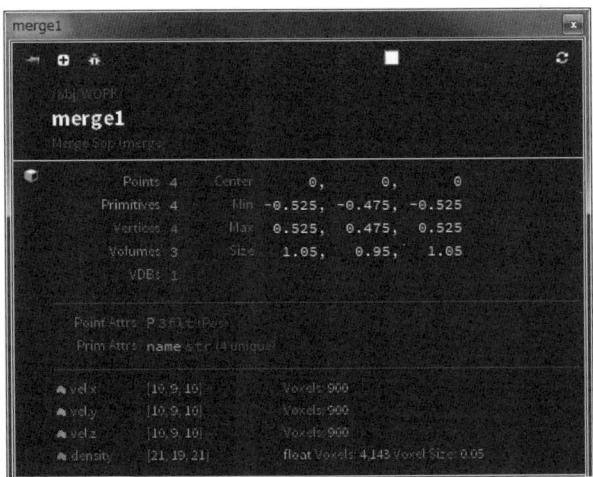

정보를 본다.

응용

- 「Sparse Volume」Vector형으로 3개의 값을 가질 수 있지만, 일반 Volume은 1개의 복셀이 1개의 값 밖에 가질 수 없으므로 「x, y, z」각각 다른 별도의 Volume으로 나누어져 있습니다.

■ DOP의 기본 셋업

[1] 네트워크 에디터에서 [Tab] 키를 눌러 popnet으로 입력하고 [Enter] 키를 누릅니다.

[2] 만들어진 popnet 노드의 제1 입력에 merge1 노드를 연결합니다.

[3] popnet 노드를 더블 클릭하여 안으로 들어갑니다.

[4] popobject 노드 이름을 particles로 변경합니다.

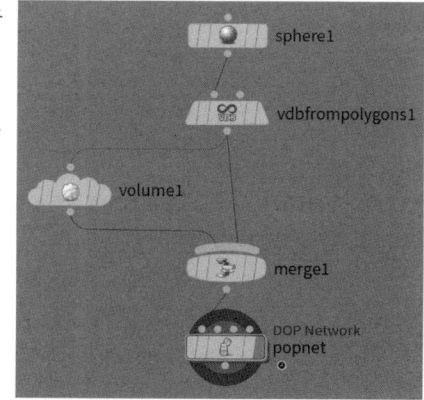

popnet의 제1 입력에 「merge1」을 연결

[5] 「Smoke Object」 DOP을 새로 만들고 이름을 smoke로 변경합니다. Division Size는 0.05로, Size는 {8, 8, 8}로, Center는 {0, -3, 0}으로 설정합니다.

파라미터를 변경

[6] 새로운 「Smoke Solver」 DOP을 만듭니다. 제1 입력에 smoke 노드를 연결하고, 출력은 output 노드에 연결합니다.

[7] 만든 smokesolver1의 Viscosity 파라미터를 0.5로 설정합니다.
점성이 높아져 연기의 유동성이 조금 낮아졌습니다.

파라미터를 0.5로 설정

힌트

- 참고로 연기가 위로 상승하는 것은 이 노드의 Buoyancy(부력) 파라미터의 영향입니다. 이 「Smoke Solver」 DOP에는 Temperature Diffusion이나 Cooling Rate 등 그 밖에도 중요한 파라미터들이 있습니다.

[8] 「Source Volume」 DOP을 새로 만들어서 smokesolver1 노드의 제5입력에 연결합니다. 그리고 Volume Path 파라미터에 'opinputpath("..", 0)' 라고 입력합니다.
merge1노드의 경로가 자동으로 설정됩니다.

[9] 만든 sourcevolume1 노드의 Volume Operation 탭에서 Velocity 파라미터를 Add로 설정합니다. 그리고 SOP To DOP Bindings 탭에서 Temperature Volume을 density라고 입력합니다.

[10] 「Gas Resize Fluid Dynamic」 DOP을 새로 만들어 smokesolver1 노드의 제2 입력에 연결합니다.

[11] 「Gas Turbulence」 DOP을 새로 만들어 smokesolver1 노드의 제3입력에 연결합니다. 그리고 Scale 파라미터를 0.3으로, Swirl Size 파라미터를 2로 설정합니다.

파라미터를 설정

[12] 창 오른쪽 하단의 Real Time Toggle 버튼이 On으로 설정되어 있는지 확인하고 플레이 바를 재생해 봅니다. 연기가 아래를 향하여 발생하고, 부력과 노이즈의 영향을 받아 떠다니는 것을 알 수 있습니다.

[13] 결과를 확인했다면 재생을 멈추고 현재 프레임을 1로 되돌립니다.

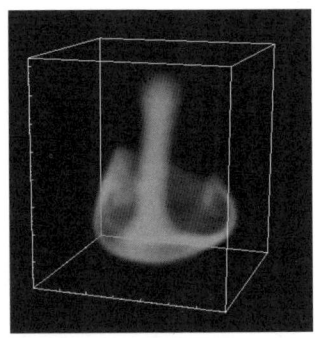

연기가 아래를 향해 발생 한다.

■ 이류의 설정

[1] 「Merge」 DOP을 새로 만들고 출력을 output 노드에 연결합니다. 입력에 smokesolver1 노드와 popsolver 노드를 차례대로 연결하고 Affector Relationship 파라미터를 No Change로 설정합니다.

연기와 파티클 양쪽이 모두 계산되도록 구성되었습니다.

파라미터를 「No Change」로 설정한다.

[2] 「POP Advect by Volumes」DOP을 새로 만들어 source_first_input 노드의 아래에 삽입합니다.

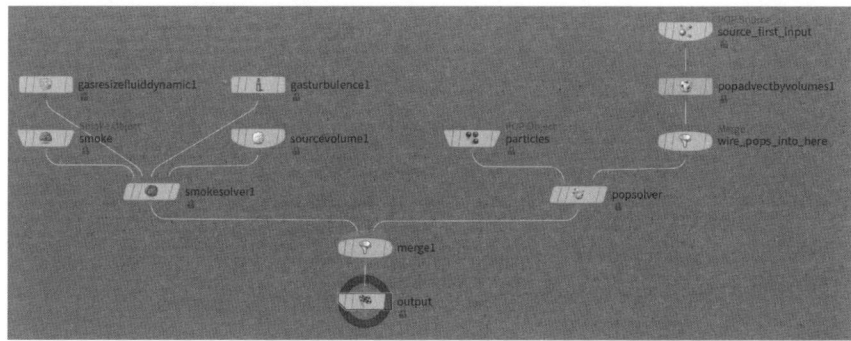

[3] 만든 popadvectbyvolumes1노드의 파라미터에서 Velocity Source를 DOP Data로 설정하고, DOP Object에 smoke라고 입력합니다. 그리고 Advection Type을 Update Velocity로, Velocity Blend를 1로 설정합니다.

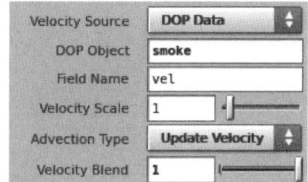

파라미터를 설정

[4] 플레이 바를 재생해봅니다. 파티클이 연기의 움직임을 따라서 이동하는 것을 알 수 있습니다.

[5] 결과를 확인했다면, 재생을 멈추고 현재 프레임을 1로 되돌립니다.

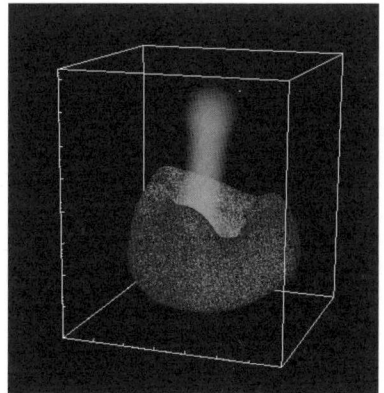

연기의 움직임을 따라 이동한다.

■ 키프레임에 따른 발생량의 제어

[1] 씬 뷰에서 ⓓ 키를 눌러 Display Options 윈도우를 엽니다. Geometry 탭에서 Point Size 파라미터를 1로 설정합니다.

파라미터를 1로 설정

[2] source_first_input 노드의 파라미터에서 Birth 탭의 Const. Birth Rate는 0으로, Life Expectancy는 2, Life Variance는 2로 설정합니다.

파티클의 수명(Life) 값으로 0~4 사이의 랜덤 값이 할당됩니다.

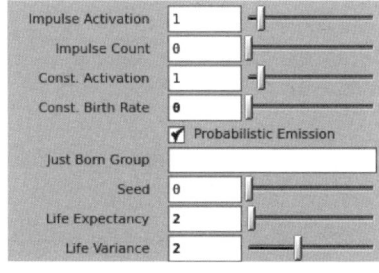

파라미터를 설정

[3] 현재 프레임이 1인 상태에서, Birth 탭의 Impulse Count 파라미터 값을 100000으로 입력합니다.

[4] ⎇ 키를 누른 채로 Impulse Count 파라미터를 클릭합니다. 파라미터가 녹색으로 바뀝니다. 이것은 이 프레임에 키프레임이 설정되어 있음을 나타냅니다.

[5] 현재 프레임을 12로 이동하고 Impulse Count 파라미터값을 0으로 입력합니다. 앞과 마찬가지로 ⎇ 키를 누른 채 Impulse Count 파라미터를 클릭하여 키프레임을 설정합니다.

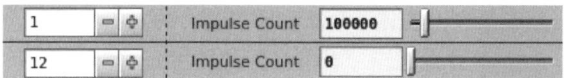

파라미터의 설정

이제 파티클의 발생량이 시간 경과에 따라 100000에서 0으로 점차 감소하게 되었습니다.

힌트

- Shift 키를 누른 채 파라미터를 클릭하여 Animation Editor를 열면 커브(Curve)로 키프레임 애니메이션을 조정할 수 있습니다.

Animation Editor

[6] ⓤ 키를 눌러 WORK 노드 안으로 돌아갑니다. popnet 노드의 Object 파라미터에서 particles라고 입력합니다.
파티클만 추출되도록 되었습니다.

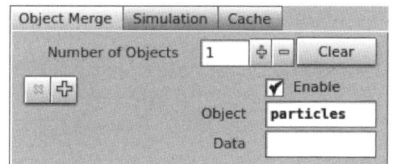

파라미터에 particles라고 입력

[7] 플레이 바를 재생해보겠습니다.
파티클이 물 속에 떨어뜨린 잉크처럼 풀어지는 것을 알 수 있습니다.

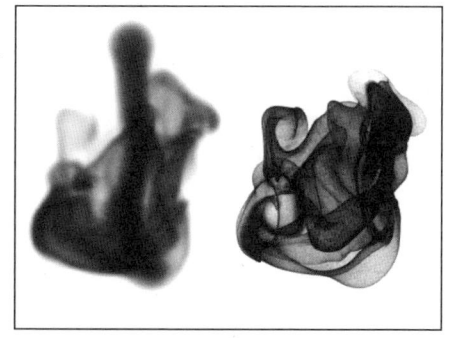

물 속에 떨어뜨린 잉크가 번지듯이 퍼진다.
[그림 : 연기 / 파티클]

파티클에 유기적인 움직임을 주기 위해 단순히 외력의 한 종류로 Advection이 사용되고 있지만, 연기를 그대로 렌더링할 때에 비해 좀 더 날카로움을 살려주는 결과를 얻을 수 있기 때문에 이번처럼 대량의 파티클에 연기와 같은 움직임을 부여해서 사용하기도 합니다.

6.3 「연기」의 변형

p.156에서 소개한 「Field Force」 DOP를 사용한 방법과 p.168에서 소개한 「Gas Field VOP」 DOP을 사용한 방법으로 기본적인 힘이나 바람은 자유자재로 만들 수 있습니다. 그렇지만 원하는 대로 아직 만들어지지 않았거나 좀 더 섬세하게 지오메트리를 조정하고 싶은 경우에는 일단 연기를 만든 후에 다음 단계에서 변형시킬 수 있습니다.

■ 「소스(Source)」 볼륨의 준비

[1] 새로운 씬을 만들고 네트워크 에디터에서 [Tab] 키를 눌러 sphere라고 입력한 후 [Enter] 키를 누릅니다.

「sphere」라고 입력

[2] Geometry 노드가 만들어지면 이름을 WORK로 변경합니다.

이름을 「WORK」로 변경

[3] Light 노드를 새로 만듭니다. Light 탭에서 Type 파라미터를 Distant로 설정하고, Transform 탭에서 TranslateZ 파라미터를 5로 설정합니다.

파라미터를 「Distant」로 설정

[4] 씬 뷰 오른쪽의 Normal Lighting 버튼을 On으로 설정합니다. 이제 조명(Lighting)이 씬 뷰에 영향을 미치게 됩니다.

[5] WORK 노드를 더블 클릭하여 안으로 들어갑니다.

제 6 장 연기의 제작

[6] sphere1 노드의 파라미터에서 Primitive Type은 Polygon으로, CenterY는 0.5, Uniform Scale은 0.5, Frequency는 8로 설정합니다.

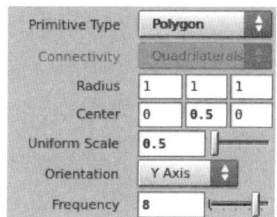

파라미터를 설정

[7] 새로운 「VDB from Polygons」 SOP을 만듭니다. 제1 입력에 sphere1 노드를 연결하고 DistanceVDB 파라미터의 체크 박스를 Off로, Fog VDB 파라미터의 체크 박스를 On으로 설정합니다.

[8] Voxel Size 파라미터를 0.05로 설정합니다.

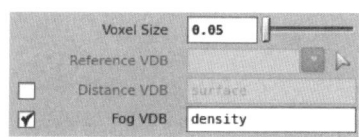

파라미터를 0.05로 설정

■ DOP의 기본 셋업

[1] 새로운 「DOP Network」 SOP을 만들고 제1 입력에 vdbfrompolygons1 노드를 연결합니다.

[2] 만든 dopnet1 노드를 더블 클릭하여 안으로 들어 갑니다.

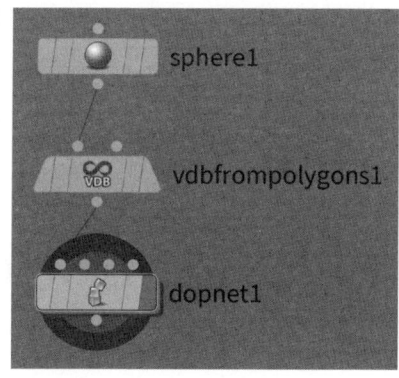

제1 입력에 vdbfrompolygons1을 연결

[3] 새로운 「Smoke Object」 DOP을 만들고 이름을 smoke로 변경합니다. 파라미터에서 Division Size는 0.05, Size는 {2, 6, 2}, Center는 {0, 3, 0}으로 설정합니다.

Division Size	0.05		
Size	2	6	2
Center	0	3	0

파라미터를 설정

181

[4] 「Smoke Solver」 DOP을 새로 만듭니다.
제1 입력에 smoke 노드를 연결하고 출력은 output 노드에 연결합니다.

[5] 「Source Volume」 DOP을 새로 만들고 smokesolver1 노드의 제5입력에 연결합니다. Volume Path 파라미터를 'opinputpath("..", 0)'로 설정합니다.
vdbfrompolygons1 노드의 경로가 자동으로 설정됩니다.

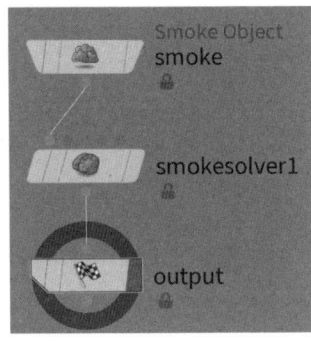

노드를 연결

[6] 만든 sourcevolume1 노드에서 Volume Operation 탭의 Velocity 파라미터를 Add로 설정하고, SOP To DOP Bindings 탭의 Temperature Volume에 density라고 입력합니다.

[7] 「Gas Resize Fluid Dynamic」 노드를 새로 만들고, smoke solver1 노드의 제2 입력에 연결합니다.

■ 연기의 형태(Shape) 제어 하기

[1] 「Gas Turbulence」 DOP을 새로 만들고, smokesolver1 노드의 제3입력에 연결합니다.

[2] 「Merge」 DOP을 새로 만들고, gasturbulence1 노드 아래에 삽입합니다.

[3] 「Gas Dissipate」 DOP을 새로 만들어 merge1 노드에 연결하고, Evaporation Rate 파라미터를 0.99로 설정합니다.

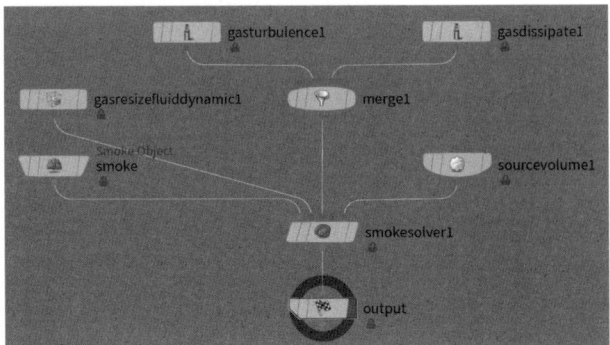

노드를 연결

제6장 연기의 제작

■ Point로 변환 하기

[1] 플레이 바를 재생하여 현재 프레임이 48인 부분에서 재생을 멈춥니다.
이후의 작업은 계속 이 상태로 진행하도록 합니다.

48 프레임 부분에서 재생을 멈춘다

[2] smoke 노드의 Division Size 파라미터에서 오른쪽 클릭하여 Copy Parameter를 선택합니다.

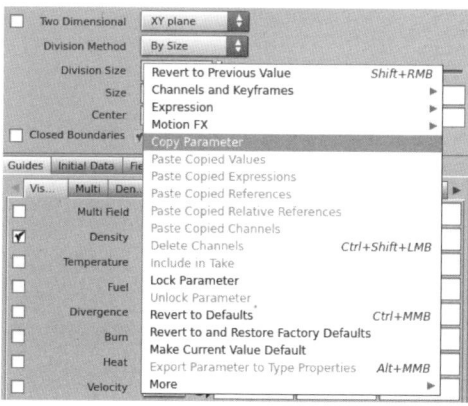

[3] ⓤ 키를 눌러 WORK 노드 안으로 돌아갑니다.

[4] dopnet1 노드에서 Object 파라미터에 smoke라고 입력하고, Data 파라미터에 density라고 입력합니다.
smoke 오브젝트에서 density 필드만 추려내도록 되었습니다.
이처럼 필드를 분리하려면 오브젝트 뿐 아니라 필드도 지정해야 합니다.

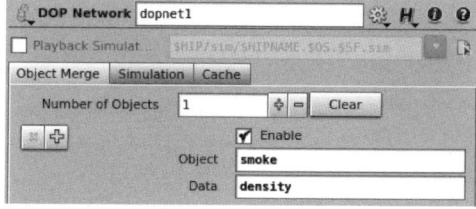

파라미터의 설정

183

[5] 「Points from Volume」 SOP을 새로 만들고, 입력에 dopnet1 노드를 연결합니다.
density 값이 큰 부분에만 Point가 생성되었습니다

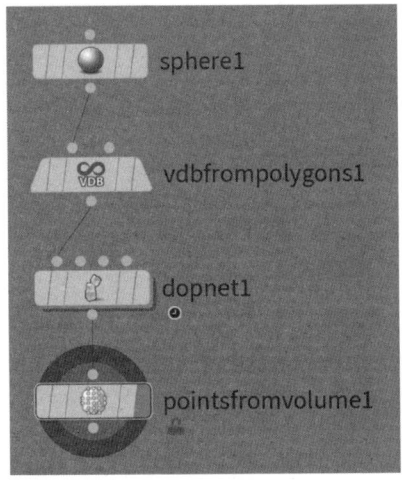

[6] pointsfromvolume1노드의 Point Separation 파라미터에서 오른쪽 클릭하여 Paste Relative References를 선택합니다.

이제 볼륨 복셀의 간격과 Point끼리의 간격이 일치하게 되었습니다.

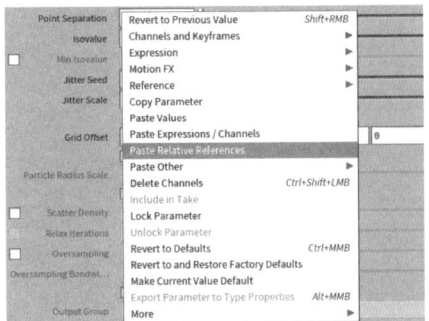

Paste Relative References를 선택

[7] 마찬가지로 Grid Offset의 각 파라미터에서 오른쪽 클릭하여 Paste Relative References를 선택하고 붙여넣은 문자열 뒤에 「/2」를 입력합니다.
이것으로 복셀의 중심과 Point의 위치가 일치하게 되었습니다.

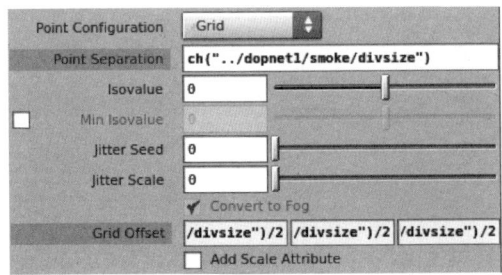

문자열 뒤에 /2라고 입력 한다.

[8] 「Attribute from Volume」 SOP을 새로 만듭니다. 제1 입력에 pointsfromvolume1 노드를 연결하고, 제2 입력에 dopnet1 노드를 연결합니다.

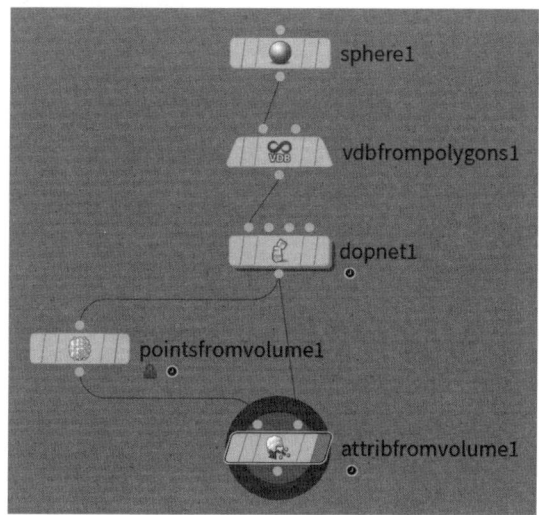

노드를 연결

[9] Volume 파라미터에 density라고 입력하고, 마찬가지로 Attribute Name 파라미터에도 density라고 한 번 더 입력합니다.

[10] Attribute Size 파라미터를 1로 설정합니다.
이제 볼륨 density 필드의 값이 동일하게 density라는 이름의 Float 형 어트리뷰트를 가지는 Point로 전달되었습니다.

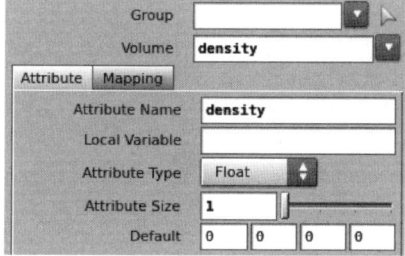

■ Point 그룹의 변형

[1] 「Group Expression」 SOP을 새로 만들고 제1 입력에 attribfromvolume1 노드를 연결합니다.

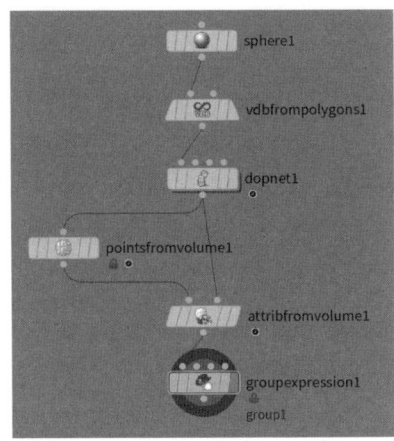

제1 입력에 attribfromvolume1을 연결

[2] 만든 groupexpression1 노드의 파라미터에서 Group Type을 Points로 설정하고, Group에는 bottomGrp, VEXpression에는 @P.y<0.1이라고 입력합니다.
아래쪽 일부 몇 개의 Point만 bottomGrp이라는 Group에 포함됩니다.

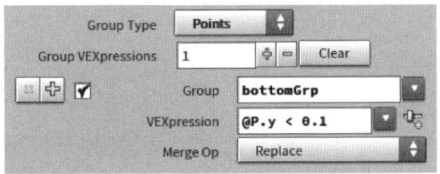

파라미터의 설정

[3] 「Soft Transform」 SOP을 새로 만들고 입력에 groupexpression1 노드를 연결합니다. 파라미터에서 Group에는 bottomGrp이라고 입력하고, Soft Radius는 6.0으로, Distance Metric은 Radius로 설정합니다.

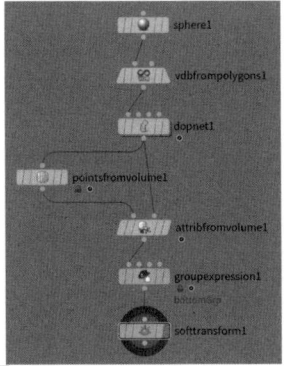 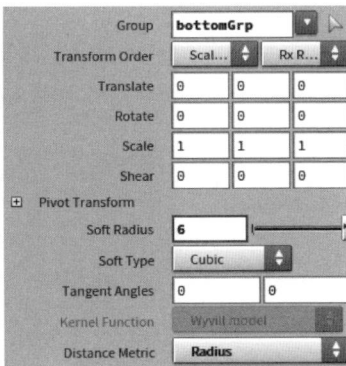

[4] 씬 뷰에서 Enter 키를 눌러 핸들이 표시되면, 적당한 이동과 회전으로 형태를 변형시킵니다.

Group을 사용하고 있기 때문에 만약 연기가 형태를 바꾸어 Point 번호가 바뀌더라도 가장 아래쪽 몇 개의 Point에는 항상 변형이 적용됩니다.

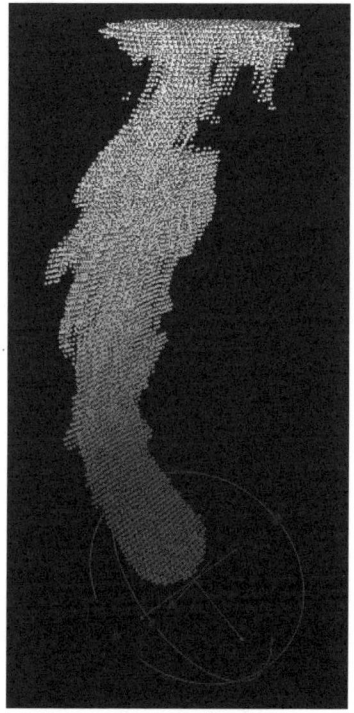

「이동」이나 「회전」으로 변형시킨다.

■ Volume으로 다시 변환하기

[1] 「Volume」 SOP을 새로 만들고 입력에 softtransform1 노드를 연결합니다.

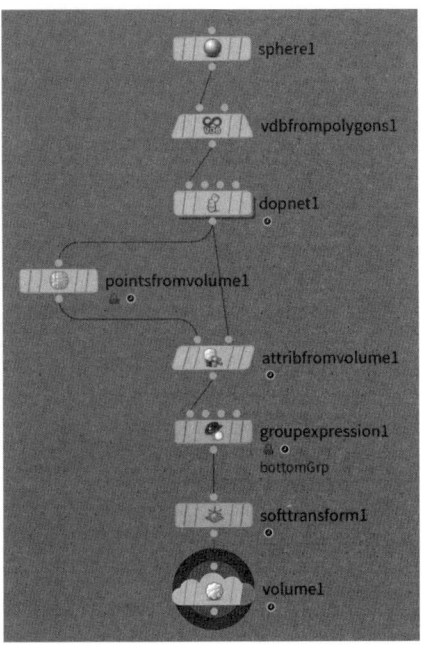

입력에 softtransform1을 연결

[2] Name 파라미터에 density라고 입력합니다. Uniform Sampling 파라미터를 By Size로 설정하고, Div Size 파라미터에서 오른쪽 클릭하여 Paste Relative References를 선택합니다.

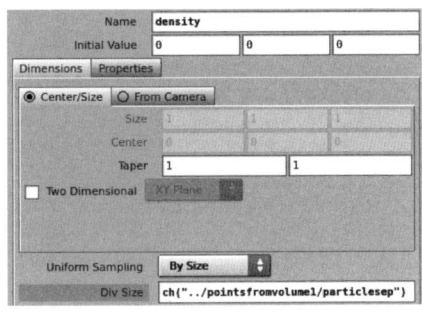

파라미터의 설정

응용

- 실제로 이 값은 변형 방법이나 정도에 따라서 더 작은 값으로 조정할 수도 있고, 다른 어떤 방법으로 보간을 진행하는 편이 보다 높은 품질의 결과를 얻을 수도 있습니다.

[3] 「Volume from Attribute」 SOP을 새로 만들고 제1 입력에는 volume1 노드를, 제2 입력에는 softtransform1 노드를 연결합니다.

[4] Attribute 파라미터에 density라고 입력합니다.
이제 아까와는 반대로 density 어트리뷰트 값이 Volume 복셀로 전달되었습니다.

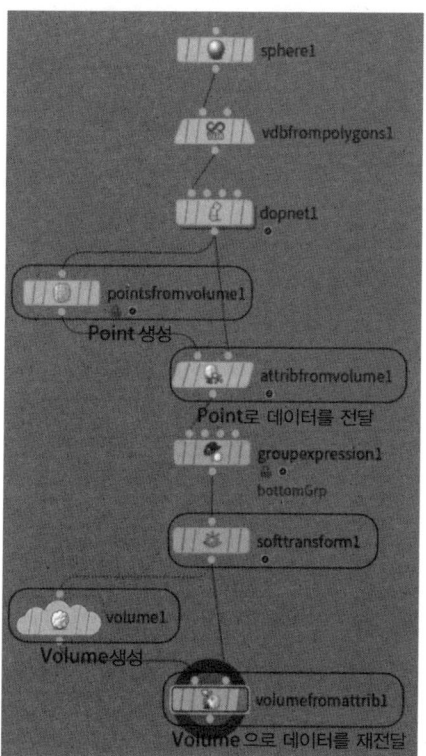

힌트

- 디스플레이 플래그를 volumefromattrib1 노드에 설정한 상태로 둡니다. 그 상태에서 softtransform1 노드를 선택하고 씬 뷰에서 Enter 키를 누르면 다시 핸들이 나타나게 되고, 이 핸들을 이용하여 볼륨을 표시한 상태에서도 자유롭게 변형시킬 수 있습니다.

제 7 장

실제 제작하기

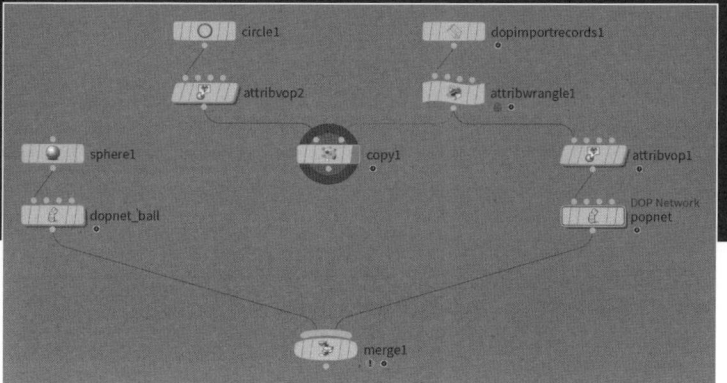

지금까지의 내용을 응용하여 물체가 충돌한 부분에서 파티클과 연기가 나오는 모습을 제작합니다.

7.1 충돌에 반응하는 「입자」와 「연기」 발생시키기

지금까지의 장에서 배운 것을 각각 응용하고 조합하여, 단단한 물체의 충돌에 맞추어 연기나 파티클이 발생하는 씬을 만들어 봅시다.

■ 단단한 물체의 기본 셋업

[1] 새롭게 씬을 열고 네트워크 에디터에서 Tab 키를 눌러서 sphere라고 입력한 후 Enter 키를 누릅니다.

sphere라고 입력

[2] Geometry 노드가 만들어지면 이름을 WORK로 변경합니다.

이름을 WORK로 변경

[3] sphere1 노드에서 파라미터의 Primitive Type을 Polygon으로, Uniform Scale을 0.5로 Frequency를 8로 설정합니다.

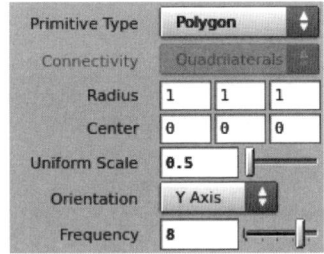

파라미터의 설정

[4] 「DOP Network」 SOP을 새로 만듭니다. 이름을 dopnet_ball로 변경하고 제1 입력에 sphere1 노드를 연결합니다.

[5] 만든 dopnet_ball 노드를 더블 클릭하여 안으로 들어갑니다.

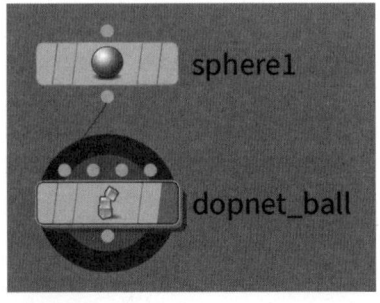

제1 입력에 sphere1을 연결

[6] 「RBD Object」 DOP을 새로 만들어 이름을 ball로 변경하고 SOP Path 파라미터에 'opinputpath("..", 0)'라고 입력합니다.
sphere1 노드의 경로가 자동으로 설정됩니다.

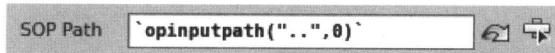

'opinputpath("..", 0)'라고 입력한다.

[7] 만든 ball 노드의 파라미터에서 Initial State 탭의 Position 파라미터는 {0, 2, 0}으로, Velocity 파라미터는 {2, 5, 0}으로 설정하고, Physical 탭의 Bounce 파라미터는 0.9로 설정합니다.

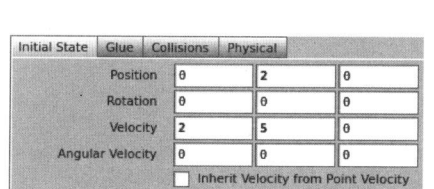 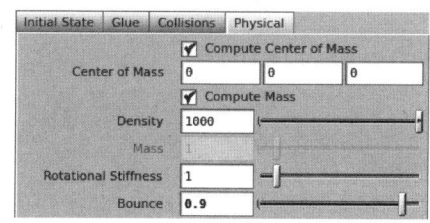

파라미터의 설정

[8] 「Rigid Body Solver」 DOP을 새로 만듭니다. 제1 입력에 ball 노드를 연결하고 Solver Engine 파라미터를 RBD로 설정합니다.

파라미터를 RBD로 설정

[9] 「Ground Plane」 DOP을 새로 만들고, Physical 탭의 Bounce 파라미터를 0.9로 설정합니다.

파라미터를 0.9로 설정

[10] 「Static Solver」 DOP을 새로 만들고 제1 입력에 groundplane1 노드를 연결합니다.

[11] 「Merge」 DOP을 새로 만들고 입력에는 staticsolver1 노드와 rigidbodysolver1 노드를 이 순서대로 연결합니다.

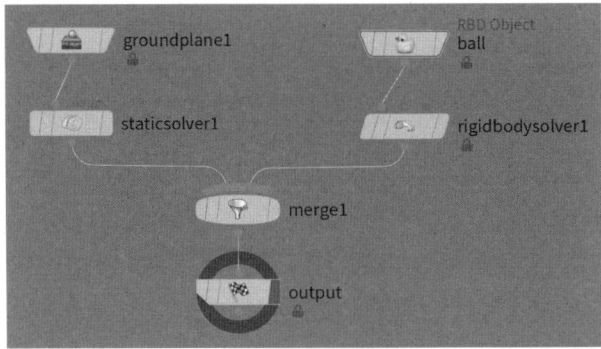

입력에 staticsolver1과 rigidbodysolver1을 이 순서대로 연결

[12] 「Gravity Force」 DOP을 새로 만듭니다. 제1 입력에 merge1 노드를 연결하고 출력은 output 노드에 연결합니다.

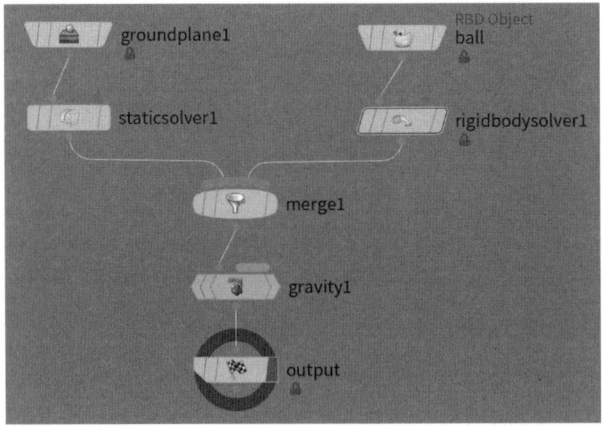

제1 입력에 merge1을 연결하고 출력을 output에 연결

[13] 윈도우 하단의 Real Time Toggle 버튼이 On으로 설정되어 있는 것을 확인하고 플레이 바를 재생해 봅니다.
바닥에 충돌해서 튕기는 공이 만들어졌습니다.

[14] 확인했다면 재생을 멈추고 현재 프레임을 1로 되돌립니다.

■ 데이터의 이해

DOP의「데이터」에 대해 더 알아봅시다. 데이터에는 다양한 종류가 있습니다.

[1] 현재 프레임을 120에 놓고, 지오메트리 스프레드 시트를 엽니다.
ball이라고 적힌 항목이 있습니다. 이것은 앞에서 말한대로「오브젝트」입니다.

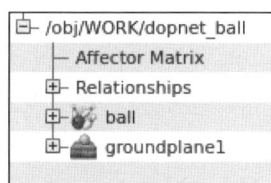

오브젝트

[2] 왼쪽에 있는 ball에서 왼쪽 + 마크를 눌러서 펼쳐 보겠습니다.

 여기에서 나타난 Basic, Options 이외의「+」마크가 있는 항목은 서브 데이터(Sub Data)라는 데이터입니다.

[3] Impacts 항목의 + 버튼을 눌러 펼쳐 봅니다.

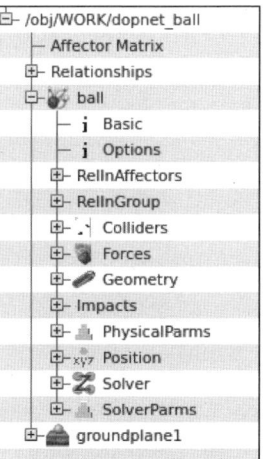

 「i」아이콘이 적혀 있는 Basic, Impacts 항목이 나타났습니다. 이것은 레코드(Record)라는 데이터입니다.

[4] 그리고 레코드의 Impacts라는 항목을 클릭합니다.

 오른쪽에 스프레드 시트가 나타나는데 이것은「필드(Field)」라는 데이터입니다. Impacts(충격)는 주로 충돌했을 때의 충격 정보를 가지는 데이터입니다.

「지오메트리 스프레드 시트」에서 필드 데이터를 확인해 보면 충격의 세기나 위치와 방향 등을 자세하게 저장하고 있는 것을 알 수 있습니다.

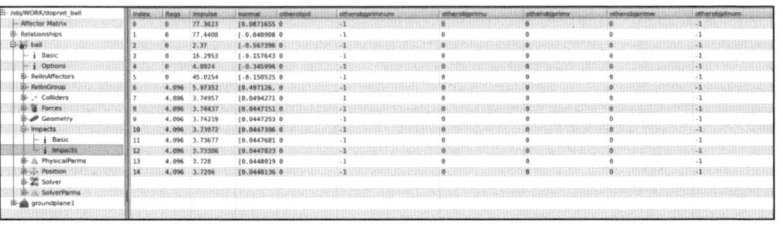

■ 필드 데이터 꺼내어 오기

여기서는 이 「충돌」 데이터를 꺼내어 이용해 봅시다.

[1] ⓤ 키를 눌러 WORK 노드 안으로 돌아갑니다.

[2] dopnet_ball 노드의 Object 파라미터에 ball이라고 입력합니다.

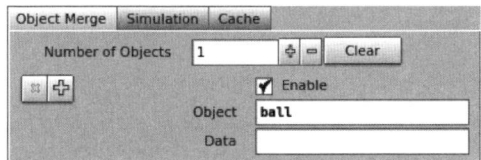

파라미터에 ball이라고 입력

[3] 「Dop import Records」 SOP을 새로 만듭니다.

[4] 파라미터에서 「DOP Network」에 ../dopnet_ball, Object Mask는 ball, Data Path는 Impacts, Record에 한 번 더 동일하게 Impacts라고 입력합니다.

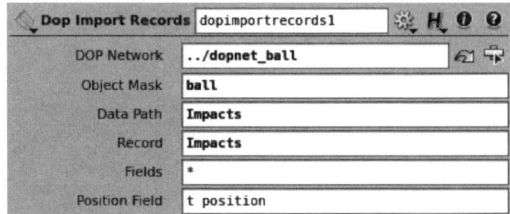

파라미터를 입력

[5] 만든 dopimportrecords1 노드를 선택하고 지오메트리 스프레드 시트를 봅니다.

Node	dopimportrecords1								Group:
	P[x]	P[y]	P[z]	datapath	flags	impulse	normal[0]	normal[1]	normal[2]
0	6.69298	-0.0199642	-0.0734337	Impacts	0	77.3023	0.0871655	0.994235	-0.0624369
1	6.75691	-0.0197017	-0.115433	Impacts	0	77.4408	-0.0409085	0.99822	0.0434016
2	6.77831	-0.0126755	-0.15178	Impacts	0	2.37	-0.567396	0.707107	0.421973
3	6.80463	-0.0122207	-0.11865	Impacts	0	16.2953	-0.157643	0.984834	0.0724561
4	6.83059	-0.0101626	-0.0857918	Impacts	0	4.0924	-0.345996	0.931651	0.110964
5	6.8264	-0.00679792	-0.154724	Impacts	0	45.0254	-0.150525	0.983462	0.100722
6	6.69309	-0.0024262	-0.0734953	Impacts	4096	5.97352	0.497126	0.72383	-0.478473
7	6.69386	-0.00213138	-0.0742651	Impacts	4096	3.74957	0.0494271	0.998514	-0.0229688
8	6.69386	-0.00183079	-0.0742656	Impacts	4096	3.74437	0.0447151	0.998748	-0.0224483
9	6.69386	-0.00153045	-0.0742656	Impacts	4096	3.74219	0.0447253	0.998747	-0.0224627
10	6.69386	-0.00123023	-0.0742656	Impacts	4096	3.73972	0.0447396	0.998746	-0.0224723
11	6.69386	-0.000930269	-0.0742656	Impacts	4096	3.73677	0.0447681	0.998744	-0.0224807
12	6.69386	-0.000630516	-0.0742656	Impacts	4096	3.73306	0.0447823	0.998744	-0.0224915
13	6.69386	-0.00033106	-0.0742656	Impacts	4096	3.728	0.0448019	0.998742	-0.0225011
14	6.69386	-3.19262e-005	-0.0742655	Impacts	4096	3.7206	0.0448136	0.998742	-0.0225071

지오메트리 스프레드 시트

방금 확인한대로 DOP 네트워크 안의 필드 데이터를 어트리뷰트로 꺼낼 수 있었습니다.
충돌이 일어나지 않은 프레임에서는 확인해도 아무것도 표시되지 않으므로 주의하세요.

[6] 「Attribute Wrangle」 SOP을 새로 만듭니다. 제1 입력에 dopimportrecords1 노드를 연결하고, VEXpression 파라미터에 @P.y=max(0,@P.y);라고 입력합니다.

이렇게해서 만약 Y좌표가 음수값이라면 0이 설정되어 충돌 위치가 지면보다 낮은 위치로 판정되더라도 지면 높이로 값을 돌릴 수 있습니다.

이처럼 max 함수나 min 함수는 값을 일정한 값보다 「작게하고 싶지 않은 경우」나 「크게하고 싶지 않은 경우」에 유용합니다.

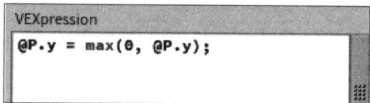

197

■ 「속도 벡터」의 설정

[1] 현재 프레임을 31 프레임 근처의 제1차 충돌이 발생한 순간으로 변경합니다.

[2] attribwrangle1 노드를 선택하고 지오메트리 스프레드 시트를 봅니다. Impulse라는 어트리뷰트가 「충격의 세기」를 나타냅니다. 약 5000 이상의 대단히 큰 수치가 들어 있는 것을 알 수 있습니다.

[3] 「Attribute VOP」 SOP을 새로 만들고, 제1 입력에 attribwrangle1 노드를 연결합니다.

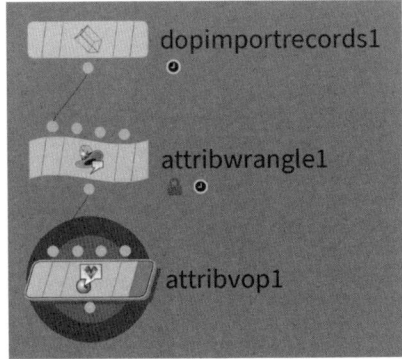

제1 입력에 attribwrangle1을 연결

[4] 만든 attribvop1 노드를 더블 클릭하여 안으로 들어갑니다.

[5] 「Bind」 VOP을 새로 만들어 Name 어트리뷰트에 impulse라고 입력합니다.
impulse 어트리뷰트 값이 임포트 되었습니다.

impulse 입력

이처럼 원래부터 준비되어 있는 것이 아닌 어트리뷰트를 입출력하는 경우에는 「Bind」 VOP 또는 「Parameter」 VOP을 사용합니다.

[6] 「Divide」 VOP을 새로 만들고 입력에 bind1 노드를 연결합니다.

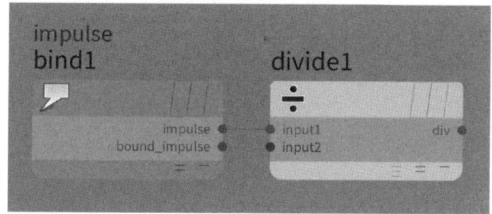

입력에 bind1 노드를 연결

[7] 「Parameter」 VOP을 새로 만들고 Label 파라미터에 Divide라고 입력합니다. 1 Float Default 파라미터를 2000으로 설정하고 divide1 노드의 input2 입력에 연결합니다.

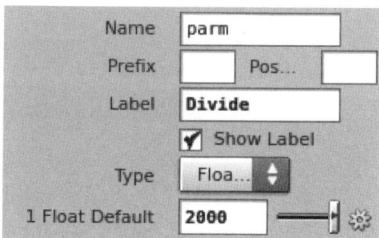

파라미터의 설정

[8] 「Float to Vector」 VOP을 새로 만듭니다. fval2 입력에 divide1 노드를 연결하고, 출력을 geometryvopoutput1의 「v」 입력에 연결합니다.
이렇게 충격의 세기에 따라 크기가 다른, +Y 방향을 향하는 벡터를 속도 벡터로 설정하였습니다.

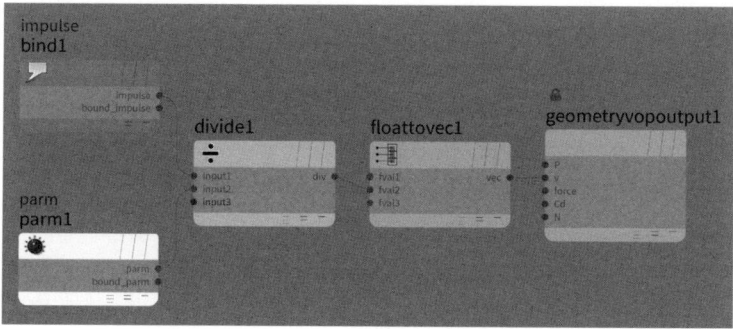

노드를 연결

■「파티클」의 셋업

[1] ⓤ 키를 눌러, WORK 노드로 돌아갑니다.

[2] 네트워크 에디터에서 Tab 키를 눌러 popnet을 입력한 후 Enter 키를 누릅니다.

[3] 만들어진 popnet 노드의 제1 입력에 attribvop1 노드를 연결합니다.

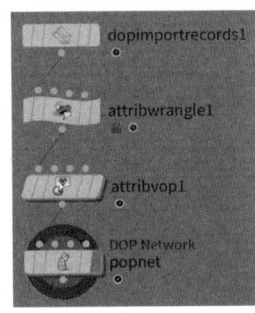

attribvop1을 연결

[4] popnet 노드를 더블 클릭하여 안으로 들어갑니다.

[5] source_first_input 노드의 파라미터에서 Source 탭의 Emittion Type은 Points로, Birth 탭의 Impulse Count는 10으로, Const. Birth Rate는 0으로, Attributes 탭의 Initial Velocity는 Add to inherited velocity로, Variance는 {2, 2, 2}로 설정합니다.
충돌에 맞추어 파티클이 발생하도록 되었습니다.

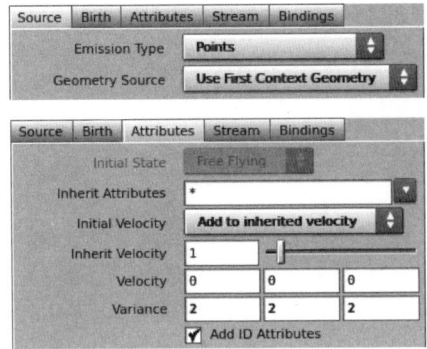
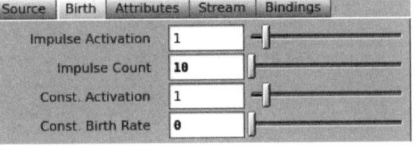

파라미터의 설정

[6] 「Gravity Force」 DOP을 새로 만듭니다. 제1 입력에는 popsolver 노드를 연결하고, 출력은 output 노드에 연결합니다.
자연스럽게 아래로 낙하하게 되었습니다.

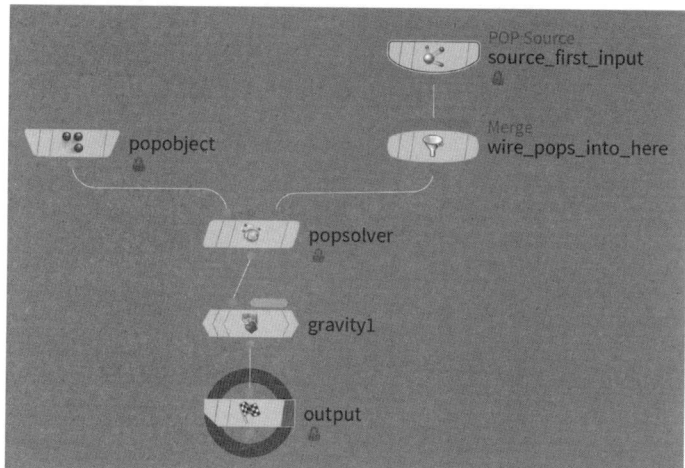

제1 입력에는 popsolver를 연결하고, 출력은 output에 연결

[7] 「POP Limit」 DOP을 새로 만들어 source_first_input 노드 아래에 삽입합니다.

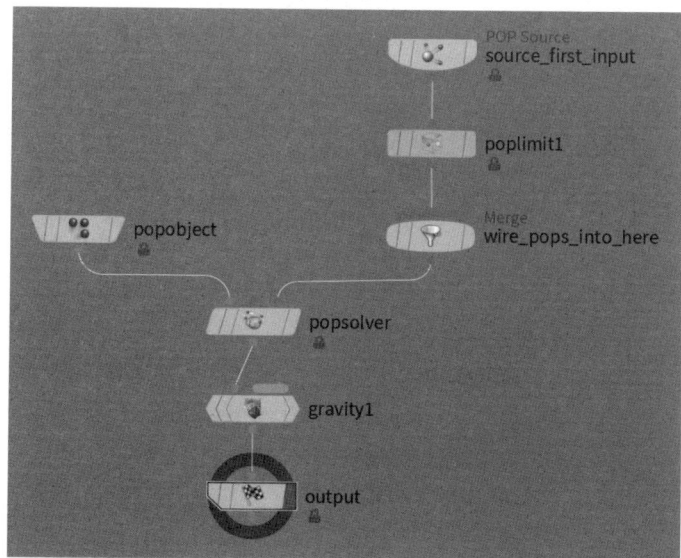

「POP Limit」 DOP을 만들어 source_first_input 아래에 삽입

[8] 만든 poplimit1 노드에서 Size 파라미터를 {20, 4, 20}으로, CenterY 파라미터를 ch("./sizey")/2로 설정합니다.

Size	20	4	20
Center	0	ch("./sizey")/2	0

파라미터 설정

One Point 위의 CenterY 파라미터를 ch("./sizey")/2로 설정함으로써 자신의 SizeY(높이) 값을 얻고, 그 절반값의 중심점을 Y좌표로 설정하여 SizeY 값이 얼마든지 상관없이 CenterY 값에 의해 중심을 찾게 되므로 바닥이 항상 지면에 닿아 있게 됩니다. 이것은 보통 「Box」 SOP 등에서도 사용할 수 있는 테크닉입니다.

이제 파티클이 지면에 닿았을 때 소멸하게 되었습니다.

힌트

- 상대 경로에서는 ./ 를 생략할 수 있기 때문에 CenterY 파라미터의 값은 ch("sizey")/2로 할 수도 있습니다.

[9] ⓤ 키를 눌러 WORK 노드 안으로 돌아갑니다.

[10] 「Merge」 SOP을 새로 만들어 dopnet_ball 노드와 popnet 노드를 연결합니다.
공의 충돌에 맞추어 파티클이 발생하는 것을 알 수 있습니다.

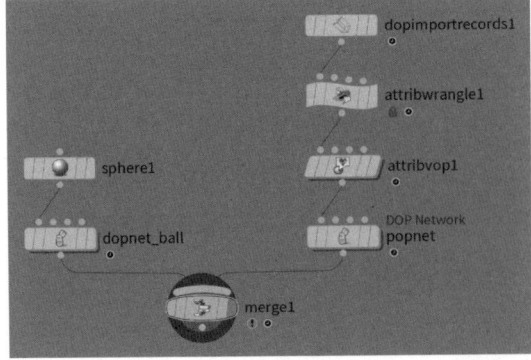

dopnet_ball과 popnet을 연결

[11] 확인했다면 재생을 멈추고 현재 프레임을 1로 되돌립니다.

■ 연기 소스(Source)의 설정

[1] 다시 현재 프레임을 31 프레임 근처의 제1차 충돌이 발생한 순간으로 변경합니다.

[2] 「Circle」 SOP를 새로 만들어 Primitive Type은 Polygon으로, Orientation은 ZX Plane으로, Uniform Scale은 0.1로 설정합니다.

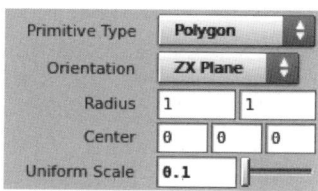

파라미터의 설정

[3] 「Attiribute VOP」 SOP을 새로 만듭니다. 제1 입력에 circle1 노드를 연결하고, 더블 클릭하여 안으로 들어갑니다.

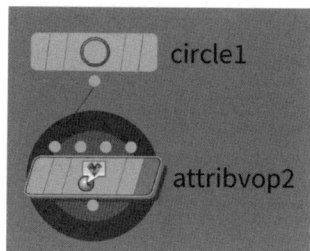

제1 입력에 circle1을 연결

[4] 「Normalize」 VOP을 새로 만듭니다. 입력에는 geometryvopglobal1 노드의 P 출력을 연결하고, 출력에는 geometryvopoutput1 노드의 v 입력에 연결합니다.

 Normalize란 벡터의 정규화를 말합니다. Normalize를 함으로써 원의 크기에 상관없이 항상 1의 크기를 가진 벡터가 속도값으로 할당됩니다.

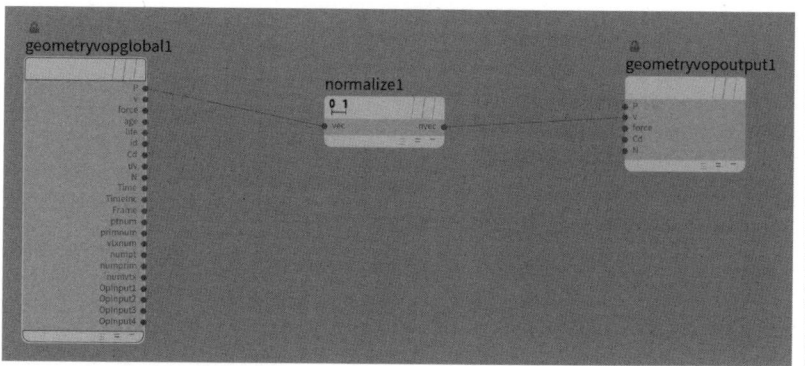

geometryvopglobal1의 P 출력을 연결

203

[5] Ⓤ 키를 눌러 WORK 노드 안으로 돌아갑니다.

[6] 「Copy Stamp」 SOP을 새로 만듭니다. 제1 입력에는 attributevop2 노드를, 제2 입력에는 attribwrangle1 노드를 연결합니다.

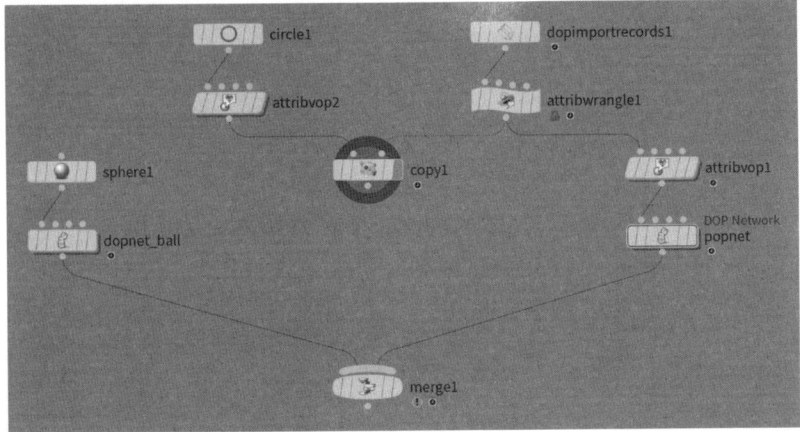

제1 입력에 attributevop2 노드를, 제2 입력에 attribwrangle1 노드를 연결

[7] 만든 copy1 노드에서 Attribute 탭의 Use Template Point Arrtibutes 파라미터를 On으로 설정합니다. 이에 따라 복제한 지오메트리에 제 2입력 측의 어트리뷰트를 상속받게 됩니다.

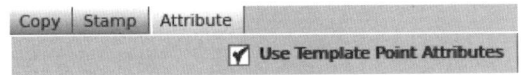

Use Template Point Arrtibutes 파라미터를 On으로

[8] 「VDB from Particles」 SOP을 새로 만듭니다. 제1 입력에 copy1 노드를 연결하고, Voxel Size를 0.05로, Point Radius Scale을 0.1로 설정합니다.

[9] 만든 vdbfromparticles1 노드의 Distance VDB 파라미터는 Off로, Fog VDB 파라미터는 On으로 설정합니다.

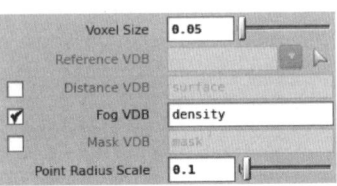

파라미터 설정

[10] 계속해서 Point Attributes 파라미터를 2로 설정합니다. 나타난 파라미터에서 한편에는 Attribute 를 Impulse로 설정하고 VDB Name에 density라고 입력합니다.
다른 한편에는 Attribute를 v로 설정하고 VDB Name을 vel로 입력합니다. 또한 Vector Type을 Displacement/Velocity/Acceleration」으로 설정합니다.

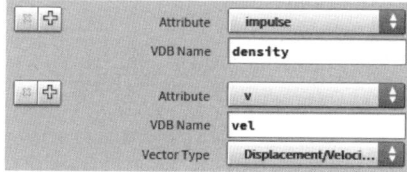

파라미터 설정

impulse에 따라서 density를 만들고 있기 때문에, 충격이 강할수록 농도(밀도)가 높은 Volume이 만들어집니다.

■ 연기의 셋업

[1] 「DOP Network」 SOP을 새로 만듭니다. 이름을 dopnet_smoke로 변경하고, 제1 입력에 vdbfromparticles1 노드를 연결합니다.

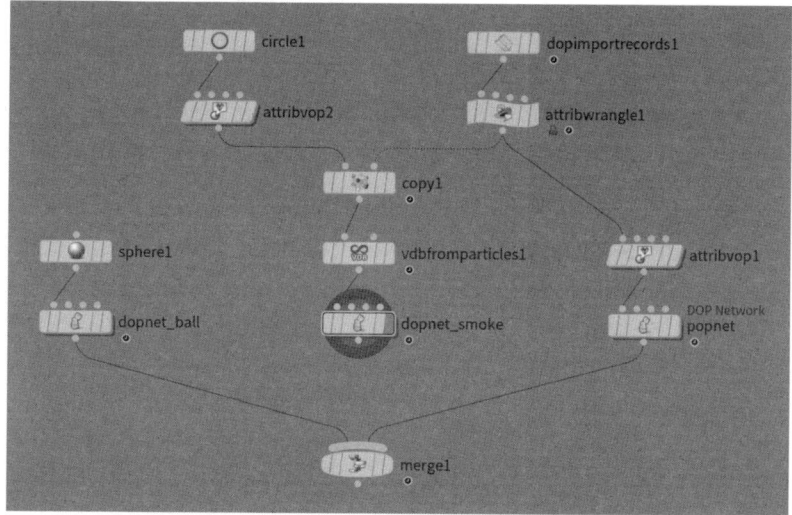

제1 입력에 vdbfromparticles1 노드를 연결

[2] 만든 dopnet_smoke 노드를 더블 클릭하여 안으로 들어갑니다.

[3] 「Smoke Object」 DOP을 새로 만듭니다. 이름을 smoke로 변경하고, 파라미터의 Division Size는 0.1로, Size는 {10, 4, 4}, Center는 {5, 1, 0}로 설정합니다.

Division Size	0.1		
Size	10	4	4
Center	5	1	0

파라미터 설정

[4] 「Smoke Solver」 DOP을 새로 만듭니다.
제1 입력에 smoke 노드를 연결하고, 출력은 output 노드에 연결합니다.

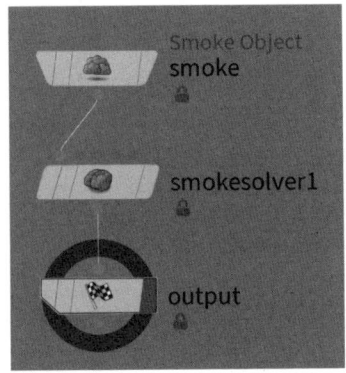

제1 입력에 smoke 노드를 연결하고, 출력은 output 노드에 연결

[5] 「Source Volume」 DOP을 새로 만듭니다. smokesolver1 노드의 제5입력에 연결하고, 파라미터의 Volume Path에 `opinputpath("..",0)`라고 입력합니다.
vdbfromparticles1 노드의 경로가 자동으로 설정됩니다.

[6] 만든 sourcevolume1 노드에서 Scale Source Volume은 0.0004로, Scale Temperature는 0.0001로, Scale Velocity는 100으로 설정합니다.
방금 전 확인한 대로, impulse에는 5000 정도로 매우 큰 수치가 들어가 있기 때문에 여기서 작은 값을 곱할 필요가 있습니다.

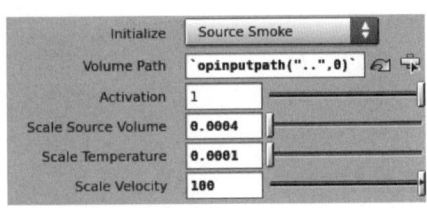

파라미터 설정

[7] Volume Operation 탭의 Velocity 파라미터를 Add로 설정하고, SOP To DOP Bindings 탭의 Temperature Volume을 density라고 입력합니다.

[8] 「Gas Dissipate」 DOP을 새로 만듭니다.
smokesolver1 노드의 제3입력에 연결하고, Evaporation Rate 파라미터는 0.9로 설정합니다.

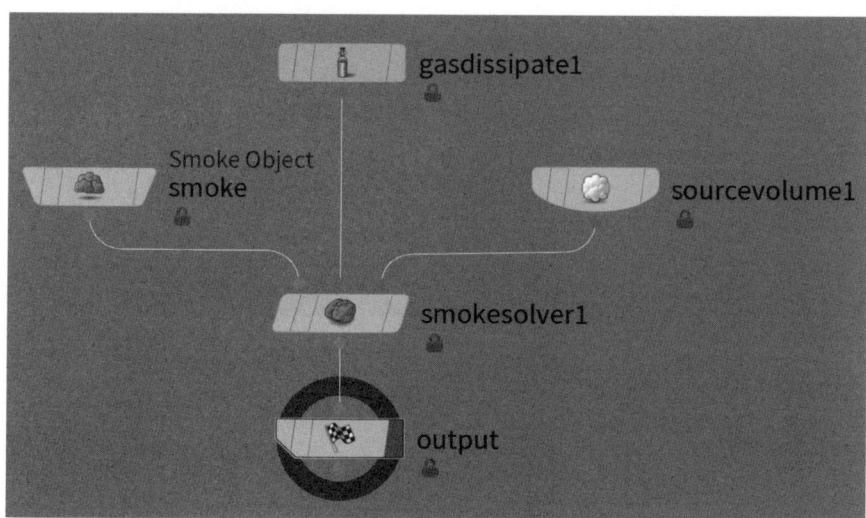

smokesolver1의 제3입력에 연결

[9] ⓤ 키를 눌러 WORK 노드안으로 되돌아갑니다.

[10] dopnet_smoke 노드에서 Object 파라미터에 smoke라고 입력하고, Data 파라미터에 density라고 입력합니다.

파라미터 입력

[11] merge1 노드의 입력에 dopnet_smoke 노드를 연결합니다.

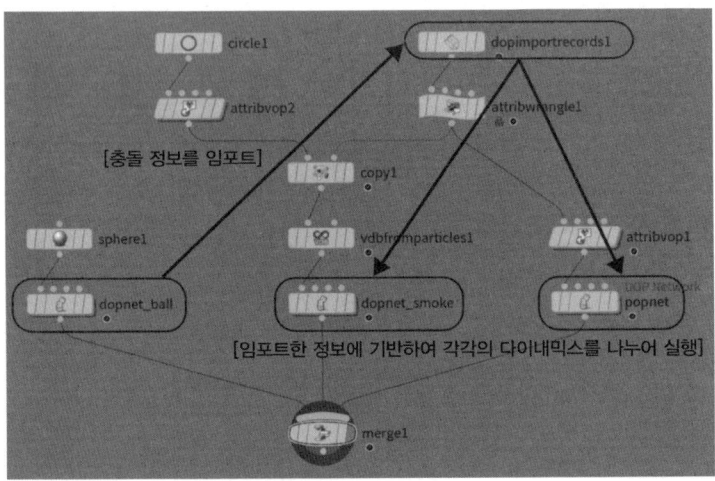

merge1 입력에 dopnet_smoke 노드를 연결

[12] 플레이 바를 재생해봅니다.
공의 충돌에 맞추어 파티클과 연기가 발생합니다.

힌트

- 이해를 돕기 위해 따로따로 DOP Network에서 시뮬레이션을 했습니다. 모두를 하나의 DOP Network에 합쳐서 넣는 것도 가능합니다. 예제데이터(「chapter7-1.hipnc」)를 참조해주세요.

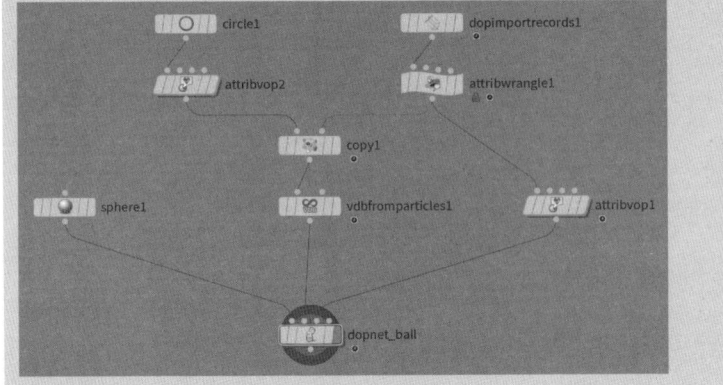

부록

■ 자주 이용하는 SOP

[필수 레벨]

우선 여기부터 시작하여 익혀 둡시다.

- Box, Circle, Curve, Font, Grid, Line, Platnic Solid, Sphere, Torus, Tube, Add, Attribute Create, Attribute VOP(Attribute Wrangle), Attribute Expression
- Blast
- Convert, Copy
- Delete
- Edit, Each
- Facet, ForEach, Fuse
- Group Create, Group Expression
- Merge, Null,
- Object Merge,
- Paint, Primitive,
- Resample, Reverse,
- Scatter, Skin, Solver, Sort, Switch,
- Transform,
- UV Texture,
- Volume, Volume VOP(Volume Wrangle)

[기본 레벨]

SOP을 자유롭게 컨트롤하기 위해 기초를 단단히 익혀 둡시다.

- Assemble
- Attribute Copy, Attribute Delete, Attribute Promote, Attribute Rename, Attribute Transfer
- Boolean
- Blend Shapes, Bound
- Cache, Cap, Carve, Clip, Cluster, Cluster Points, Comb, Connectivity, Convert VDB,
- Divide

- Ends
- IsoOffset
- Lattice
- Material, Measure
- Pack, Packed Edit, Repack, Unpack
- Partition, Peak, Points from Volume, PolyBevel, PolyExtrude, PolyFrame, PolyFill, PolyLoft, PolySplit
- Ray, Rest Position
- Smooth, Soft Transform, Subdivide
- Time Blend, Time Shift, Time Wrap, Trail
- UV Edit, UV QuickShade, UV Transform
- VDB, VDB Active, VDB from Particles, VDB from Polygons
- Voronoi Fracture

■ 자주 사용하는 변수

● 글로벌 변수(전역 변수)

- FPS, FSTART, FEND, F, FF, SF, NFRAMES, RFSTART, RFEND, T, PI

● 파일의 경로와 이름을 다루는 변수

- HFS, HH, HIP, HIPFILE, HIPNAME, HOME, JOB

● 지오메트리의 정보를 다루는 변수

- BBX,BBY,BBZ, CEX,CEY,CEZ, CR,CG,CB, ID, LIFE, MAPU,MAPV,MAPW,
- PT,NPT, PR,NPR, PSCALE, SIZEX,SIZEY,SIZEZ, TX,TY,TZ, XMIN,XMAX,YMIN,YMAX,ZMIN,ZMAX

● 노드의 이름 가져오기 변수

- OS

■ 자주 사용하는 Expression 함수

● 채널(파라미터) 값 가져오기 함수

- ch, chs, chf, chramp, chsop

● 캐스트 (데이터 형 변환) 함수

- atof, ftoa

● 패딩 (자릿수 정렬) 함수

- Padzero

● 수학 함수

- abs, ceil, floor, trunc, clamp, exp, pow, min, max
- deg, rad, sin, asin, cos, acos, tan, atan2
- cross, dot
- fit, fit01, fit11

● 문자열 연산 함수

- strcmp, strmatch, strreplace, tolower, toupper

● 문자열 정보 가져오기 함수

- arg, argc,

● 오브젝트 정보 가져오기 함수

- vorigin, vrorigin, vtorigon

● 지오메트리 정보 가져오기 함수

- bbox, centroid, point, npoints, prim, nprims, vertex, detail

● 노드의 경로와 이름 가져오기 함수

- opinput, opinputpath, opname, opdigits

● 다양화 함수

- stamp, stamps

● 프로그램 함수

- rand, if, ifs

MEMO

MEMO

MEMO

MEMO

MEMO